CATOLICISMO ROMANO

DESDE LA REFORMA HASTA DESPUES
DEL CONCILIO VATICANO II

CATOLICISMO ROMANO

DESDE LA REFORMA HASTA DESPUES
DEL CONCILIO VATICANO II

DWIGHT HONEYCUTT

Traducción de

Rubén O. Zorzoli

EDITORIAL MUNDO HISPANO

EDITORIAL MUNDO HISPANO

Apartado Postal 4256, El Paso, TX 79914 EE. UU. de A.

Agencias de Distribución

ARGENTINA: C. S. Lamas 2757, 1856 Glew
BOLIVIA: Casilla 2516, Santa Cruz
COLOMBIA: Apartado Aéreo 55294, Bogotá 2 D. E.
COSTA RICA: Apartado 285, San Pedro Montes de Oca, San José
CHILE: Casilla 1253, Santiago
ECUADOR: Casilla 3236, Guayaquil
EL SALVADOR: Apartado 2506, San Salvador
ESPAÑA: Padre Méndez #142-B, 46900 - Torrente, Valencia
ESTADOS UNIDOS: 7000 Alabama; El Paso, TX 79904
Teléfono (915) 566-9656
PEDIDOS; 1 (800) 755-5958
Fax: (915) 562-6502
960 Chelsea Street, El Paso, TX 79903
312 N. Azusa Ave., Azusa, CA 91702
1360 N.W. 88th Ave., Miami, FL 33172
GUATEMALA: Apartado 1135, 01901 Guatemala
HONDURAS: Apartado 279, Tegucigalpa
MEXICO: Apartado 113-182, 03300 México, D. F.
Madero 62, Col. Centro, 06000 México, D. F.
Independencia 36-B, Col. Centro, Deleg. Cuauhtemoc, 06050 México, D. F.
Matamoros 344 Pte. Torreón, Coahuila, México
Hidalgo 713, 44290 Guadalajara, Jalisco
16 de Septiembre 703 Ote., Cd. Juárez, Chihuahua
NICARAGUA: Apartado 2340, Managua
PANAMA: Apartado 87-1024, Panamá 5
PARAGUAY: Casilla 1415, Asunción
PERU: Apartado 3177, Lima
PUERTO RICO: Calle 13 S.O. #824, Capparra Terrace
Calle San Alejandro 1825, Urb. San Ignacio, Río Piedras
REPUBLICA DOMINICANA: Apartado 880, Santo Domingo
URUGUAY: Casilla 14052, Montevideo
VENEZUELA: Apartado 3653, El Trigal 2002 A, Valencia, Edo. Carabobo

Primera edición: 1995
Clasificación Decimal Dewey: 282
Tema: 1. Iglesia Católica
ISBN: 0-311-05321-1
E.M.H. No. 05321

2.5 M 3 95
Printed in U.S.A.

CONTENIDO

1
CONSIDERACIONES PRELIMINARES

INTRODUCCION

¿Hasta dónde está usted informado, en general, acerca del catolicismo romano, y en particular, acerca de la doctrina católica? Por ejemplo: ¿Qué respuestas (cierto o falso) daría usted a las siguientes declaraciones?

1. Los católicos creen todo lo que dice el Papa debido a su doctrina de la infalibilidad papal.
2. Los católicos adoran a los santos y a la virgen María.
3. Los católicos creen que aquel que no esté bautizado por un sacerdote va al infierno.
4. Los católicos son animados a *no* leer la Biblia.

Todas estas declaraciones son falsas, pero aquellos no católicos poco informados creen generalmente que son ciertas. A menudo, en un nivel popular, esas mismas declaraciones serían consideradas como ciertas por muchos católicos.

Confiamos en que este estudio clarificará algunas interpretaciones erróneas en cuanto a la doctrina del catolicismo romano y, al mismo tiempo, agudizará nuestra comprensión de los asuntos doctrinales que distinguen a la Iglesia Católica Romana (en adelante, ICR) de otras expresiones históricas y contemporáneas de la fe cristiana.

EL CATOLICISMO CONFRONTANDO EL CAMBIO

Cuando uno considera los cambios rápidos que están ocurriendo dentro de la ICR, hay probablemente pocos temas que tengan una promesa tan fascinante de un estudio interesante. Hay muchos que creen que el Concilio Vaticano II, a comienzos de la década de 1960, fue un intento de parte de la ICR para actualizar su maquinaria eclesiástica e identificarse con el mundo moderno. El Concilio comenzó, pero ciertamente no completó, esa tarea y por ello continúa su lucha en esta área.

Las personas del mundo contemporáneo viven en un mundo de cambios rápidos y constantes. Todas las esferas de la sociedad en

todas partes del mundo son afectadas por estos cambios. Esto ciertamente es cierto de la ICR. Esta institución religiosa, un producto de
siglos de evolución, está experimentando muchos cambios; si no en su
doctrina y sustancia, por lo menos en su forma y expresión. Estos
cambios han tenido la tendencia de crear cierta conmoción tanto dentro como fuera de la ICR. También han producido problemas en ciertos estamentos. Este elemento de cambio a menudo crea molestias en
aquellas áreas más tradicionales de la vida de una institución. Es
obvio que algunos de los énfasis que resultaron del Concilio Vaticano
II hicieron que esto fuera cierto en el caso de muchos católicos conservadores. Al mismo tiempo, uno puede observar que algunos de los
cambios dentro del catolicismo romano también han tenido como
consecuencia molestias para la parte más liberal de la Iglesia que
tendió a desarrollar expectaciones más elevadas que las que se podían
alcanzar. Por ejemplo, se pueden citar muchas ilustraciones después
del Concilio Vaticano II:

1. En la Conferencia general de obispos latinoamericanos en
Medellín, Colombia, en 1968, el mundo católico vio un movimiento
más bien dramático hacia una nueva dirección para la Iglesia en
América Latina. Ese movimiento era no tradicional, con un énfasis en
los intereses sociales que surgía de las raíces de lo que se desarrollaría
como las teologías de la liberación. La Conferencia proyectó un papel
para la Iglesia como un agente de cambios radicales en las sociedades
de América Latina, con más identificación con los pobres en sus
luchas y menos con las estructuras establecidas de poder y manteni-
miento del statu quo. Esto se reflejó en el tema de la Conferencia: "La
Iglesia en la transformación actual de América Latina." Esta nueva
dirección pareció tener por lo menos una aprobación tácita del papa
Pablo VI. Sin embargo, después de sólo diez años, en la siguiente
Conferencia de los obispos latinoamericanos que se reunió en Puebla,
México, en 1979, pareció claro que la ICR en América Latina hizo un
cambio completo, con el regreso a un énfasis orientado en forma más
tradicional e institucional. El tema de Puebla fue: "La evangelización
de América Latina en el presente y en el futuro." En esa ocasión el
impulso principal para lo que puede interpretarse como una regresión
vino del nuevo papa Juan Pablo II.

Por cierto, hay otras razones significativas y complicadas en el trasfondo que precipitaron los cambios. Por ejemplo, la lucha de poder
entre liberales y conservadores, entre los obispos latinoamericanos
mismos, se había desarrollado en un nivel más bien intenso durante
esos diez años entre las dos conferencias. Pero el punto es que ocurrieron cambios radicales dentro de un lapso de tiempo relativamente

breve; esto indica que lo que parece fijo un día puede cambiar al siguiente.

2. Otra ilustración se refiere a la situación de la ICR en Holanda. Después del Concilio Vaticano II la Iglesia en Holanda había realizado varias reformas en su estructura. Por ejemplo, la Iglesia allí había comenzado a utilizar a los laicos en algunas de las funciones sacerdotales, incluyendo a algunos de esos laicos en el proceso de decisiones de la Iglesia. Durante los últimos años de la administración del papa Pablo VI, los elementos tradicionales dentro de la Iglesia habían criticado mucho la situación en Holanda, pero no se había actuado contra los líderes allí. Sin embargo, en 1980 el papa Juan Pablo II llamó a los obispos de Holanda a una reunión especial en Roma, e inició el proceso para que la Iglesia en Holanda regresara a una forma católica romana más tradicional.

3. También se desarrolló el caso ahora famoso del teólogo suizo Hans Küng, profesor de teología en la Universidad de Tubingen, Alemania. El papa Juan XXIII había designado a Küng para la posición oficial de "consejero" del Concilio Vaticano II. En los años posteriores al Concilio Küng comenzó a dar nuevas interpretaciones a muchos temas tradicionales, incluyendo la doctrina de la infalibilidad papal. Debido a la atmósfera más abierta dentro de la ICR, aunque había ciertas críticas a los conceptos de Küng, en la mayoría prevalecía una actitud de tolerancia. En diciembre de 1979, sin embargo, el nuevo papa Juan Pablo II declaró que la enseñanza del profesor Küng no podía más ser considerada como "católica". Ciertamente, en los círculos fuera del catolicismo romano, pero también dentro de ellos, la acción papal resultó en críticas por las posición rígida del Papa. Sin embargo, los conservadores dentro de la estructura católica defendieron la acción del Papa como muy necesaria.

Con la fluidez continua dentro del catolicismo romano es difícil saber exactamente cuáles pueden ser las implicaciones resultantes de éstos y otros eventos. Sin embargo, uno puede observar paradójicamente que el papado como una institución y el poder del Papa han cambiado, pero no han cambiado. Aparentemente, parece que estamos testificando una reafirmación del poder papal; es decir, un "volver atrás" o "ajustar las tuercas" al enfrentar el clamor desde diferentes estamentos dentro de la Iglesia para cambios más rápidos. Es indudable que ante ese trasfondo, la consideración del catolicismo romano desde el siglo XVI nos presenta la posibilidad de un estudio muy interesante y variado. Este será el enfoque de este libro: la doctrina católica romana desde la Reforma del siglo XVI.

La meta será considerar el desarrollo de los énfasis doctrinales dentro de la ICR, básicamente desde una perspectiva histórica. Para hacerlo será necesario prestar una atención principal a los tres grandes concilios romanos desde la Reforma —Trento, Vaticano I y Vaticano II—, porque es dentro del contexto de esos concilios que se definen más claramente los énfasis doctrinales que surgen como resultado de los impulsos históricos. Será necesario también prestar atención al elemento de controversia y a la parte que ha jugado en la formulación o redeclaración de la doctrina católica romana. De igual manera, uno necesita especialmente comprender algunos de los asuntos actuales en el catolicismo romano, porque aunque estos temas en sí mismos no son "doctrina", chocan con la doctrina y en términos del futuro ciertamente jugarán un papel significativo en su desarrollo.

¿QUE ES LA IGLESIA CATOLICA ROMANA?

Para emprender con éxito un estudio como el que se describe en la Introducción, uno debe tener muy claro en la mente qué es exactamente a lo que se refiere cuando hace referencia a la ICR. Hay cierta gente muy cuidadosa en la semántica que encuentra un problema real al hablar de la Iglesia Católica "Romana". Ellos hacen la pregunta: ¿Cómo algo (en este caso la "Iglesia") puede ser "romano" y "católico"? ¿No son éstos términos mutuamente exclusivos? Para algunos el problema es que la palabra "romano" sugiere *particularidad* mientras que el significado básico de "católico" es *universal*. Pero, más allá de las dimensiones interesantes de los argumentos semánticos, uno puede establecer un concepto más bien claro de aquello a que se refiere cuando lee o investiga a la ICR.

John L. McKenzie, profesor de teología en la Universidad de Notre Dame, en los EE. UU. de A., ha dicho: "Yo creo que el catolicismo *romano* comenzó con la conversión de Constantino."[1] McKenzie, siendo un católico romano, afirma la convicción de que la iglesia primitiva tenía algunos aspectos romanos antes de Constantino (antes de 313), pero desde una perspectiva histórica la conversión de Constantino fue el primer gran paso en la cadena de hechos que darían a la iglesia occidental un carácter distintivamente romano. De modo que, históricamente, la Iglesia Católica adquirió una personalidad romana en el siglo cuarto, la que continuó desarrollándose y quedó fijada rígidamente durante la Edad Media.

Uno puede decir también que la ICR es una institución compuesta de aquel grupo de cristianos que reconoce la supremacía del Papa y

---

[1] John McKenzie, *The Roman Catholic Church* (Nueva York: Image Books, 1971), p. 13.

cree que él es el vicario de Cristo en la tierra, y que por ello merece una sumisión absoluta. Por medio del Papa, quien se convierte en el símbolo de la unidad (y "unidad" es una preocupación dominante dentro del catolicismo), la ICR se considera en una sucesión continua que desciende del apóstol Pedro.

Como se verá posteriormente y en mayor detalle, sus doctrinas se originaron a partir de dos fuentes de autoridad: las Escrituras y la tradición. Doctrinalmente la Iglesia se expresa por medio de credos, decretos de concilios y las declaraciones del Papa. Aunque debe recordarse que la ICR comparte muchas doctrinas en común con las otras ramas principales del cristianismo y especialmente con la Iglesia Ortodoxa, aun así, como será notado, el catolicismo romano es absolutamente único en áreas doctrinales como las relacionadas con la virgen María y la infalibilidad del Papa. Mucha de esta singularidad doctrinal será de gran interés en la presente obra.

Normalmente, cuando uno se refiere en el día de hoy a la ICR, la referencia es a aquella porción del cristianismo que engloba al mayor número de personas que se identifican como "cristianas". Si uno piensa en términos de las tres expresiones o manifestaciones principales de la fe cristiana en el mundo de hoy —católica romana, protestante y ortodoxa— la ICR sería el grupo mayoritario con miembros en todas partes del mundo.

De modo que, cuando uno habla de la ICR, lo hace con referencia a una institución de una estructura más bien rígida, la cual tiende a reflejar la personalidad de su Papa en cualquier época dada, y encuentra expresión en una escala global corporizando entre otras las características citadas arriba.

MAS ALLA DE LA CARICATURA: LA IGLESIA CATOLICA ROMANA HOY

Aun después del intento de describir a la ICR en cuanto a lo que es, el no católico contemporáneo y no informado a menudo tiene la tendencia a considerar al catolicismo romano en términos de caricatura. Comúnmente, esto es el resultado de un conocimiento y una comprensión limitados, y de un énfasis exagerado sobre una o más características o prácticas aisladas de las cuales uno pueda tener un conocimiento limitado. Eso es poner el foco en lo que es más bien trivial y darle una categoría demasiado importante. Ciertamente, existe la necesidad de salir de la caricatura si uno desea verdaderamente entender, interpretar e interactuar en relación con el catolicismo contemporáneo.

Debe admitirse que es difícil alcanzar un manejo adecuado de la ICR que capacite a alguien, especialmente no católico, para sentirse seguro de que su comprensión de esa iglesia es por lo menos adecuada. Esto se debe en parte a que el catolicismo pone tanto énfasis sobre la unidad que uno asume que debe ser de naturaleza monolítica; es decir, que la expresión de la ICR dondequiera y cuandoquiera es siempre la misma. Sea o no que alguna vez fuera verdaderamente monolítica, ese ciertamente no es el caso hoy. La lectura de la prensa secular nos señala que los católicos en los Estados Unidos de América hacen algunas cosas en forma bien diferente de sus contrapartes en España. Y los católicos en otras áreas como América Latina y Africa están preocupados con algunos temas que son de mucho menos interés, en general, para los católicos europeos. De modo que, aunque hay una unidad real en el catolicismo, hay también mucho de diversidad y eso tiene que ser reconocido y apreciado por uno que busque entenderlo.

Muchas personas han tratado de clasificar la diversidad de la expresión católica en diferentes partes del mundo. Por ejemplo, una expresión que aun es muy fuerte es aquella que preferiría que todo fuera hecho como antes del Concilio Vaticano II. Hay entre ellos quienes creen que el Vaticano II fue un error. Esto representaría un énfasis sobre las expresiones *tradicionales:* mantener las cosas en la manera que se habían hecho desde el concilio de Trento en el siglo XVI, con la misa en latín y evitando en forma casi total cualquier cosa "moderna" o no católica. Por supuesto, esta es una forma muy conservadora del catolicismo, y es este tipo con el cual algunos sugieren que al papa Juan Pablo II le gustaría ser identificado.

Una segunda expresión es la que representa intentos serios para poner en práctica las implicaciones del Concilio Vaticano II (1963-65). A veces esto se clasifica como catolicismo progresivo. Es una expresión de los intentos por hacer que el catolicismo "tradicional" sea pertinente al mundo contemporáneo a través de la actualización de la liturgia y otros aspectos; y es una clase que prefiere ser percibida como abriéndose, en el intento de ser más abierta e interactiva tanto con los católicos no cristianos como con las religiones no cristianas. Los católicos romanos progresivos expresan un alto nivel de tolerancia y a menudo entran sin temor en diálogo para considerar asuntos sociales y teológicos difíciles.

Hay una tercera categoría con la cual el catolicismo romano está luchando en la actualidad, la cual es un poco difícil de designar con un término específico. Comúnmente, los más críticos hablarían del catolicismo *radical* o *revolucionario*. Es una expresión del catolicismo que a veces es asociada con un movimiento específico, como las teologías de la liberación, o con asuntos individuales, como abogar por la ordenación sacerdotal para las mujeres. Además de ser activa en algunas áreas del mundo históricamente más bien tradicionales, la expresión radical o revolucionaria ha encontrado gran aceptación en América Latina y en otras naciones del llamado Tercer Mundo. Busca poner término a la percepción de que la ICR está interesada en los asuntos sociales sólo con el propósito de mantener el statu quo. Internamente, este tipo de expresión ha probado ser una de las áreas de preocupación más obvia para el Vaticano, o expresión "oficial" del catolicismo.

Debido a la gran diversidad dentro del catolicismo mundial, aquel que busque entenderlo seriamente debe hacer lugar para las diferencias. Sin esta perspectiva, la percepción de la ICR hoy tendería a la distorsión. Las diferencias son reales y, como se verá, esta realidad afecta dramáticamente el estudio de la doctrina católica en el período contemporáneo.

INFLUENCIAS MEDIEVALES

Aunque la gente en el período contemporáneo experimenta el catolicismo en toda su diversidad, algunos eruditos describen a la ICR como una "institución medieval". Lo que se quiere decir es que como institución y en términos de su doctrina, la ICR quedó más bien rígidamente fija en su estructura durante el período medieval, más o menos entre los siglos VI y XV. La opinión de ellos sería que la Iglesia fue influenciada tanto por las formas culturales, patrones de pensamiento y supersticiones dominantes de la época, que hoy ella parece una entidad extraña en el mundo moderno. En otras palabras, la ICR parece reflejar más las características de aquella época que lo que uno esperaría en el siglo XX. Ciertamente, muchos observadores del catolicismo romano describen al Concilio Vaticano II como el intento de Roma de trasladar a la iglesia al mundo moderno.

Sea o no una afirmación exagerada el describir a la ICR como una institución medieval, ciertamente es esencial considerar algunas de las influencias de aquel período si uno ha de comprender a esta rama del cristianismo en el mundo contemporáneo. Por ello, deben mencionarse algunas de las influencias medievales más importantes que sirvieron para formar la expresión del catolicismo romano que uno encuentra durante el período de la Reforma y posteriormente.

1. Gregorio I (540-604). El gran Papa medieval Gregorio I o "el grande", como también se lo conoce, fue uno de los "doctores" reconocidos de la ICR. Gregorio es importante por varias razones. No es la menor de todas el hecho de que fue un "sistematizador" de la doctrina católica. Aunque Gregorio no fue un pensador original, agrupó y unificó las enseñanzas de los primeros Padres de la iglesia y de los primeros concilios. En su propia vida, Gregorio reflejó la piedad popular de este período y por medio de sus escritos se convirtió en el gran "popularizador" de la doctrina católica. Guillermo, un hijo de su época, hizo hincapié en elementos como la angelología, la demonología, el purgatorio y la eficacia de las reliquias. Todos estos elementos probaron ser importantes en el desarrollo de las creencias católico romanas previas a la Reforma. Se ha señalado que la teología de Gregorio "es un tipo de agustinianismo aguado combinado con enfoques supersticiosos y mitológicos de su tiempo".[2]

2. Feudalismo. Se debe considerar el elemento del feudalismo como una parte del trasfondo de la lucha más grande por el poder entre la iglesia y el estado durante la Edad Media. El feudalismo fue un sistema social y político donde el poder en aquellas áreas estaba relacionado con la posesión de la tierra. El propietario o señor feudal tenía poder en una zona porque alquilaría a los locatarios porciones de su tierra, recibiendo productos y otros servicios personales a cambio. Además, el locatario o vasallo tenía que jurar obediencia al señor feudal, incluyendo si era necesario el apoyo militar. Además, cada propietario tenía control sobre alguna clase de poder militar. Como la ICR era propietaria, ella caía dentro de este esquema como un señor feudal. El resultado era que el feudalismo tenía la tendencia de otorgar más poder a la ICR, porque bajo el sistema feudal no era posible el establecimiento de un gobierno central fuerte. El resultado del feudalismo fue el quebrantamiento del sistema político en una cantidad indefinida de estados más pequeños. Por ello, en realidad, la ICR existió por un tiempo como la entidad más fuerte y la institución menos fragmentada. El efecto fue que la Iglesia fue capaz de ejercer una gran influencia temporal tanto como espiritual sobre grandes segmentos de la población.

3. El Sacro Imperio Romano. En teoría, el establecimiento del Sacro Imperio Romano en 800, cuando el papa León III coronó a Carlomagno como emperador, afirmó la autoridad de la ICR sobre el Estado. Fue, en efecto, el reconocimiento del poder del Papa para nombrar a los reyes. Pero, al pasar el tiempo, la teoría no funcionó en la práctica. Lo que ocurrió con más frecuencia en el período medieval fue una lucha casi constante por el poder entre la iglesia y el Estado.

---

[2] Howard F. Vos, *Highlights of Church History* (Chicago: Moody Press, 1960), p. 52.

A lo largo de la Edad Media, hubo períodos cuando la ICR parecía estar en la cúspide en términos de sus poderes político y eclesiástico. Había otras ocasiones cuando la Iglesia y el papado estaban obviamente dominados y controlados por el Estado. De ese modo, cuando uno estudia el período medieval, lo que se encuentra es un período de la historia de la Iglesia en el cual el poder y la influencia papales alcanzan su punto más alto y, en la misma época general, experimenta una declinación devastadora marcada por situaciones como la "cautividad babilónica" del papado (1305-77) y el "cisma papal" (1378-1417).

El punto a ser notado, sin embargo, es que la teoría política de la ICR tiene sus raíces en el período medieval y en lo que el catolicismo describe como la doctrina de "las dos espadas". El papa Bonifacio VIII (m. 1303), en la angustia de sus luchas, escribió:

> Se nos enseña por... palabras que en este su poder [el de Pedro] hay dos espadas, la espiritual y la temporal... Cada una de ellas está en poder de la Iglesia, es decir, una espada temporal y una espiritual... La última, sin duda, debe ser usada para la Iglesia, la primera por la Iglesia. La primera [por la mano] del sacerdote, la última por la mano de los reyes y soldados, pero a voluntad y conformidad del sacerdote. Por ello, es necesario que una espada esté bajo una espada, y que la autoridad temporal esté sujeta al poder espiritual.[3]

4. Escolasticismo. Muchas de las doctrinas de la ICR que han surgido en forma oficial y concreta desde el siglo XVI tienen sus raíces en el período medieval. Como se ha señalado, algunas eran el resultado de la sistematización y popularización de Gregorio I. Muchas de ellas y otras fueron después desarrolladas por los escolásticos. Hay diferentes períodos en el desarrollo del escolasticismo, siendo los siglos IX hasta el XII la etapa inicial. El siglo XIII representa la cúspide del movimiento. En los siglos XIV y XV se ve la declinación del movimiento. Aunque el escolasticismo es difícil de definir en forma precisa, el movimiento representa el logro intelectual más elevado de la Edad Media.

En términos de su impacto a largo alcance, Tomás de Aquino (1225-74) fue el más importante de los escolásticos. Aunque existían diferentes "escuelas" entre los escolásticos y algunos de los énfasis en cada una de ellas fueron de influencia y una parte del desarrollo del catolicismo romano, las enseñanzas de Tomás han permanecido en una forma más aceptable. En el período moderno, éstas se han convertido en la base de los estudios filosóficos y teológicos entre los católicos. El escolasticismo, como fue representado por Aquino, buscó

---

3 Citado por Jaroslav Pelican, *The Riddle of Roman Catholicism* (Nueva York: Abingdon Press, 1959), p. 95.

el conocimiento de Dios y del hombre por medio de la investigación teológica. Hay dos fuentes para este conocimiento: la razón (teología natural) y la revelación. Por lo tanto, para alcanzar este conocimiento uno necesita emplear tanto la fe como la razón: teología y filosofía. En Tomás de Aquino y, por lo tanto, en la época medieval, descubrimos entre otros conceptos teológicos el desarrollo final del sistema sacramental de la ICR. Posteriormente, esto sería afirmado oficialmente por el concilio de Trento en el siglo XVI como reacción a los énfasis protestantes, y ese sistema permanece como "el corazón de la fe católica romana".[4]

LA REFORMA

Hasta el estudiante más superficial de la historia de la iglesia se da cuenta de que había muchos factores que jugaban una parte que condujo a lo que se conoce como la Reforma protestante del siglo XVI. Por muchos años había habido interés en reformar la ICR. Algunos individuos como John Wyclif (1320-84), John Hus (1369-1415) y Jerome Savonarola (1452-98) habían predicado la reforma y cambiado varias afirmaciones doctrinales de la Iglesia. Pero, en retrospectiva, uno puede discernir una dimensión de "plenitud del tiempo" en 1517, cuando Martín Lutero (1483-1546) clavó sus noventa y nueve tesis en la puerta de la iglesia del castillo en Wittenberg, Alemania. La acción de Lutero es ciertamente un reconocimiento de que debido a la condición de la ICR al comienzo del siglo XVI y de los asuntos políticos, sociales y económicos que confrontaba Europa en ese tiempo, la ocasión estaba madura para lo que se desarrolló como la Reforma.

Inicialmente, el movimiento que se centró en Lutero fue un intento de reformar la Iglesia. La meta no era quebrar a la ICR establecida, sino llevar a cabo una reforma dentro de la misma. Por supuesto, a medida que se desarrollaron los acontecimientos, desde la perspectiva de los principales reformadores esto fue imposible y la ruptura se hizo inevitable. Es importante señalar que el rompimiento con Roma, en el análisis final, no fue simplemente debido a la corrupción, sino más bien a la convicción de que muchas de sus enseñanzas básicas eran incorrectas. La corrupción de la ICR y otros factores en el campo secular fueron ciertamente la catálisis para el movimiento, pero sus bases y razones fueron más y más doctrinales.

Martín Lutero encontró en el Nuevo Testamento, y especialmente en los escritos de Pablo, una dimensión del evangelio que traía paz

---

4 *Ibíd.*, p. 110.

interior. A partir de su propia experiencia dentro de la ICR y de su adhesión estricta a sus enseñanzas, Lutero llegó a considerar a la Iglesia como un opresor espiritual que robaba al cristiano del gozo, la libertad y la paz interior. El y otros se convencieron de que las Escrituras solas eran la Palabra inspirada de Dios, y que en las Escrituras se debían encontrar los criterios para juzgar todas las instituciones religiosas y las doctrinas que ellas enseñaban.

A menudo se considera a la Reforma como una de las grandes marcas o bisagras en la historia de la civilización occidental. La Reforma creó un expresión completamente nueva del cristianismo en una manera casi totalmente diferente de la forma institucionalizada, con diferentes énfasis doctrinales y, en muchos casos, interpretaciones radicalmente diferentes. Es una minimización el decir que la Reforma tuvo un efecto significativo sobre la ICR. Esta fue afectada en muchas maneras. Por ejemplo: pérdida numérica de miembros; la pérdida para siempre de la posibilidad de una "Europa verdaderamente católica"; grandes pérdidas financieras. A veces, los no católicos que no conocen bien el tema creen que todos los resultados de la Reforma fueron negativos en cuanto a la ICR. Como se verá, esta no es toda la historia. La ICR confrontada con grandes pérdidas mostró una habilidad asombrosa para resurgir y fue capaz de expandirse y fortalecer su propia expresión institucional del cristianismo.

La Reforma, pues, sirve como un punto excelente para comenzar a estudiar la teología católico romana, porque fue la que presentó el gran desafío inicial a la doctrina católica. Como se indicó antes, la mayoría de lo que uno encuentra en la doctrina católica se fecha en períodos mucho antes de la Reforma, pero fue ésta que hizo que la ICR definiera su doctrina más claramente y le diera su forma oficial.

CONCLUSION

Contra este trasfondo, entonces, comienza este estudio de las doctrinas católicas. Así como será obvio que el catolicismo definió más estrictamente la expresión medieval de su doctrina en reacción a la Reforma protestante, así también se verá que otros énfasis y clarificaciones renovados (si no nuevas definiciones) de doctrina continuaron siendo expresados por medio de la reacción a lo que estaba ocurriendo fuera del propio dominio inmediato de la ICR.

2

ALGUNOS CONCEPTOS SINGULARES DE LA DOCTRINA CATOLICA

INTRODUCCION

Creo en Dios, el Padre todopoderoso, creador de los cielos y la tierra;
y en Jesucristo, su Hijo único, nuestro Señor;
quien fue concebido por el Espíritu Santo, nacido de la virgen María;
sufrió bajo Poncio Pilato, fue crucificado, murió y fue enterrado;
descendió al infierno; al tercer día resucitó de entre los muertos;
ascendió al cielo, se sentó a la diestra de Dios, el Padre todopoderoso;
desde allí volverá para juzgar a los vivos y a los muertos.
Creo en el Espíritu Santo;
la santa Iglesia Católica; la comunión de los santos;
el perdón de los pecados;
la resurrección del cuerpo;
y la vida eterna. Amén.

Las declaraciones precedentes comprenden lo que históricamente se conoce como el "Credo de los Apóstoles". Lo afirman muchas iglesias alrededor del mundo, tanto católicas como no católicas. Aunque hay algunos puntos en los cuales las interpretaciones específicas pueden diferir, aun los cristianos que pertenecen a iglesias o denominaciones que afirman ser no atados a credos no debatirían la ortodoxia básica reflejada en el Credo de los Apóstoles. Hay, entonces, algunos puntos en los cuales los católicos y los no católicos por igual estarían en acuerdo básico.

Al mismo tiempo, hay diferencias obvias entre los católicos y los no católicos en muchos puntos de doctrina y práctica. Algunos comentaristas acordarían que en algunos puntos las diferencias son enormes. En este capítulo se aíslan algunos conceptos dentro del sistema católico romano que cuando son evaluados en relación con otras tradiciones cristianas se destacan como absolutamente singulares.

TEOLOGIA, DOCTRINA Y DOGMA

En un sentido popular, dentro de círculos protestantes y evangélicos, no se hace mucha distinción entre teología y doctrina. En un sentido más técnico, se hace esa distinción, pero nunca la doctrina se proyecta como autoritativa en y por sí misma. Cualquier autoridad que pueda tener se la deriva de la autoridad bíblica en la cual está basada la doctrina. Esto se debe a que la autoridad bíblica siempre toma precedencia sobre la autoridad eclesiástica.

Comúnmente, la teología se considera como aquello que se refiere al estudio de Dios (del griego *theos)*; o, como algunos sugerirían, la teología es simplemente "hablar de Dios". Desde esta perspectiva particular, se puede pensar de la teología como científica, dado que en un nivel profesional hay comúnmente la implementación de una metodología científica, aunque esto generalmente variará grandemente de un grupo denominacional a otro; y raramente llevará consigo algún apoyo denominacional oficial. Por lo tanto, las conclusiones doctrinales que puedan resultar de tal emprendimiento teológico, como las consideran los protestantes y evangélicos, es decir, la mayoría no católicos, están abiertas a reacción y debate adicional.

La situación es algo diferente en círculos católicos. Hay mucho más interés acerca de definiciones técnicas de parte de la iglesia oficial. Los límites para la investigación teológica son aplicados mucho más rígidamente. *Teología* también se define por la ICR como el estudio de Dios, y dentro de esa esfera, cuando es interpretada como una disciplina, se hallarán algunas variaciones resultantes del debate teológico y aun del conflicto teológico. Sin embargo, lo que es más importante dentro del catolicismo romano es *la doctrina y el dogma.*

La doctrina puede ser percibida como una *clase* de conclusión teológica si uno desea relacionarla y compararla con la actividad teológica protestante y evangélica. Pero, a diferencia de sus contrapartes protestantes y evangélicas, la doctrina representa la enseñanza oficial de la ICR y debe ser creída por los fieles. Ciertamente, la doctrina puede haberse desarrollado a través de un proceso y ser expresada en lenguaje contemporáneo, pero la verdad de la doctrina es intemporal y totalmente autoritativa.

En el enfoque católico, el dogma no es en sí mismo sólo una conclusión teológica, sino más bien es una *verdad* revelada por Dios y declarada como *verdadera* por la enseñanza oficial de la Iglesia; por ello, *debe* ser creída por todo católico. Por lo tanto, la doctrina y el dogma católicos, a diferencia de la doctrina de los protestantes y evangélicos, no está abierta al debate. La ICR autoritativamente declara que su propio dogma y sus doctrinas son verdaderos.

Tradicionalmente, y en el nivel práctico, la actividad teológica católica no ha tenido como su propósito llegar a conclusiones doctrinales. Esas conclusiones ya han sido alcanzadas y afirmadas como verdad por la Iglesia a través de decretos de sus concilios o por declaraciones papales, cuando los Papas han funcionado en su papel de "maestros" de la Iglesia. Dentro del catolicismo, por lo menos desde la Reforma, la doctrina y el dogma no han sido las metas de la teología en el sentido de algo a lo cual se deba llegar en términos de definición doctrinal. La meta de la teología católica ha sido interpretar y dar apoyo teológico a la doctrina y al dogma ya determinados como verdaderos por la autoridad de enseñanza de la Iglesia. Considerada de esta manera, la tarea de la teología católica ha tenido una función clarificadora e interpretativa como su propósito para el beneficio de aquellos dentro de la ICR, y una función apologética (defensiva) para aquellos fuera de la Iglesia que cuestionarían y desafiarían la verdad o exactitud de las enseñanzas católicas. Esa actividad teológica es caracterizada como "teología dogmática", la que se refiere a la ciencia de las cosas a ser creídas.

Dentro de la teología dogmática católica hay una subespecialidad designada como "teología positiva". La teología positiva realmente se refiere a ciertos énfasis metodológicos con el intento de dar fundamento teológico al dogma de la Iglesia. Esto se hace por medio de un estudio enfocado en fuentes originales relacionadas con la Escritura y la tradición. Dicho estudio intenta validar el dogma sobre la base de la intención y el significado originales del mensaje bíblico y, en manera similar, los propósitos reales de las acciones papales o conciliares del pasado, dado que tantas de esas acciones constituyen los elementos principales de la tradición católica. Aunque los teólogos protestantes y evangélicos tienen mucho en común con esta metodología, y ciertamente reconocen y afirman la validez y la necesidad de considerar las fuentes originales, el propósito y la meta de ellos difiere en gran manera. Los unos encaran dicho estudio para llegar a conclusiones, mientras los teólogos católicos lo hacen para apoyar una conclusión ya declarada como verdadera y final (dogma).

Una segunda subespecialidad dentro de la categoría general de la teología dogmática es la "teología especulativa". Como su contraparte positiva, la teología especulativa dogmática busca entendimiento, pero lo hace básicamente por medio de la aplicación de la razón humana al contenido de la verdad revelada expresada en el dogma. En la esfera completa de la teología dogmática, el énfasis especulativo es equivalente en perspectiva metodológica a la teología *natural*. La teología natural refleja la convicción del escolasticismo de que hay un conocimiento en relación con Dios al cual puede llegarse solamente por el uso de la razón.

De este modo, la distinción del catolicismo entre doctrina y dogma, con el dogma siendo afirmado como la verdad que los fieles deben creer, difiere grandemente de la posición no católica común. Además, la meta o tarea de la teología es considerada en una luz bastante diferente, dado que los teólogos católicos asumen una conclusión —dogma— y luego teologizan (hacen teología) para fortalecer el fundamento sobre el cual descansa el dogma.

ECLESIOLOGIA

La eclesiología se refiere a las enseñanzas y convicciones en cuanto a la naturaleza de la iglesia. Algunos creen que muchas de las características verdaderamente distintivas que comúnmente están asociadas con el catolicismo romano son manifestaciones de las implicaciones de su eclesiología básica; es decir, de su doctrina de la iglesia.

Es cierto que la cuestión de la naturaleza de la iglesia ha sido crucial para los protestantes y los evangélicos a lo largo de la historia. Por ejemplo, el tema del bautismo de creyentes como es practicado por los bautistas es realmente un asunto que tiene que ver con la naturaleza de la iglesia. Si la iglesia de Jesucristo consiste sólo de creyentes —aquellos que profesan su fe en Jesús y experimentan la regeneración verdadera— entonces sólo ellos deben ser bautizados. Desde una perspectiva bautista es tanto una pregunta de ¿qué es la iglesia?, como de ¿quién debe ser bautizado? Es obvio que hay diferencias significativas entre la enseñanza del catolicismo romano en cuanto a la iglesia, y aquella afirmada por la mayoría de los cristianos no católicos.

El catolicismo romano afirma su doctrina de la iglesia desde lo que se describe como una perspectiva cristológica. Esto es así porque (1) ellos enseñan que Jesús mismo fundó la iglesia, y (2) la iglesia institucional existe y se manifiesta como la encarnación continuada de Jesucristo en el mundo.

Enseñar que Jesús fundó la iglesia no está en desacuerdo con las afirmaciones de otros grupos cristianos. La diferencia radica en la interpretación particular que los católicos romanos dan a esa fundación. El pasaje clave de la Biblia para ellos es Mateo 16:18, 19: "Mas yo también te digo que tú eres Pedro; y sobre esta roca edificaré mi iglesia, y las puertas del Hades no prevalecerán contra ella. A ti te daré las llaves del reino de los cielos. Todo lo que ates en la tierra habrá sido atado en el cielo, y lo que desates en la tierra habrá sido desatado en los cielos."

La interpretación católica romana de este pasaje sugiere que aquí, en la persona del apóstol Pedro, Jesús está estableciendo el oficio y autoridad del obispo dentro de la estructura institucional. De ese modo, Pedro recibió una posición especial, la de primer obispo de la ICR. Por esa razón, en la tradición católica es importante mantener la ide⁀ de la relación de Pedro con la iglesia de Roma como su primer ᴐbispo, porque el Papa también tiene el título de "obispo de Roma". Y, de acuerdo con la doctrina católica, la unidad de todos los obispos de la Iglesia tiene su base en Pedro, quien ellos afirman (basados en Mat. 16:18, 19) fue el primer obispo de Roma[1] y por ello su primer Papa. El catolicismo enseña ciertamente que Cristo fundó la iglesia y que el fundamento es Pedro —la "roca"— o el oficio de obispo divinamente instituido.

Dada esta clase de interpretación, es entonces de gran importancia para el catolicismo el concepto de la sucesión apostólica. Más importante que Pedro la persona es el oficio que le fue dado. Por ello, para los católicos, Cristo confió a los obispos (plural) —no sólo a Pedro— con un poder especial para gobernar y guiar la Iglesia en términos de jurisdicción universal sobre ella. Este poder pasa de un obispo de Roma (Papa) a otro en sucesión; cada uno de ellos sirve en la tierra como el "vicario de Cristo" ("vicario significa substituto o agente). De esta manera, los obispos son los verdaderos sucesores de los apóstoles a través de una cadena ininterrumpida desde Pedro en adelante.

De acuerdo con la doctrina católica romana, su enseñanza en cuanto a la iglesia es cristológica también en el sentido de que el Cristo viviente está encarnado en la institución que él fundó. De esa forma, en la misma manera en que Dios se encarnó en Jesús para hacerse conocer a la humanidad, Cristo ahora está encarnado en la ICR institucional. La implicación lógica de este concepto es que así como Jesús de Nazaret fue el canal de la salvación obrada por Dios, así ahora la ICR es la guardiana y dispensadora de la salvación, y de esa forma puede dar o retener la gracia de Dios. Si es cierto que el Papa es el vicario de Cristo, entonces la obediencia a Pedro y sus sucesores debe ser equiparada con la obediencia a Cristo mismo. Esto hace surgir, entonces, el concepto de que lógicamente no hay salvación fuera de la expresión institucional del cuerpo de Cristo que es la ICR. De acuerdo con la declaración todavía muy citada de Cipriano de Cartago (m. 258): "... el obispo es en la Iglesia y la Iglesia es en el obispo, y... si alguien no está con el obispo no está en la Iglesia."[2]

Algunos teólogos católicos sostienen que la creencia de que fuera de la Iglesia no hay salvación no significa que sólo los católicos romanos profesantes irán al cielo. Sin embargo, sí quiere decir que nadie

---

[1] La tradición católica romana afirma que Pedro fue el primer obispo de Roma, aunque no se han encontrado datos históricos reales que puedan substanciar ese reclamo.

[2] Henry Betteson (ed.), *Documents of the Christian Church*, 2a. ed. (Nueva York: Oxford University Press, 1963), p. 74.

puede ser salvo sin alguna clase de relación con la ICR. La relación más obvia es ser miembro de la ICR, pero hay también validez que se concede al concepto de estar relacionado con la Iglesia por "deseo". Es interesante que este deseo no necesita ser consciente. Si alguien es sincero en su amor hacia Dios y está intentando servirle, entonces esa persona no está en un sentido verdadero "fuera" de la ICR.

El catolicismo romano afirma, además, que la Iglesia verdadera se distinguirá por cuatro marcas o características básicas:

(1) La primera marca de la iglesia verdadera es la *unidad*. La afirmación es que "la Iglesia es una". Lo es en respuesta a la oración de Jesús de "que todos sean una cosa" (Juan 17:21); lo es también por la unanimidad en la confesión de fe (dogma); y lo es, especialmente, debido a la unidad alcanzada en la unificación de la Iglesia bajo la única cabeza suprema de la misma en la tierra, el Papa.

(2) La segunda marca es que la Iglesia verdadera es *santa*. Esto se debe a la naturaleza de santidad que fue característica de Jesucristo, su fundador; y también al hecho de que él es la fuente de toda santidad; también a que el propósito de la Iglesia es hacer que la gente sea santa.

(3) La tercera marca es la *catolicidad*. Aquí se pone el énfasis en la naturaleza universal de la Iglesia. En este sentido, se cumplirá el mandato de su fundador, como se expresa en la Gran Comisión (Mat. 28:19, 20); es decir, hacer discípulos de todas las naciones.

(4) La marca final de la Iglesia verdadera es que será *apostólica*. Su interpretación destaca que la ICR es apostólica porque es la que Jesús estableció sobre los apóstoles, y porque la doctrina que enseña es la misma que fue enseñada por los apóstoles originales. Por supuesto, la enseñanza de la ICR es que sólo ella manifiesta estas cuatro marcas y, por ello, sólo la ICR puede afirmar que es la Iglesia verdadera de Cristo.

MARIOLOGIA

Hace varios años la ICR anunció al mundo que el año 1986 sería designado como el "Año de la Virgen". El énfasis fue claramente un intento de reafirmar el lugar de la virgen María dentro del cuerpo principal de fe y práctica del catolicismo. Desde el Concilio Vaticano II, ha habido algunos analistas dentro de la Iglesia que han afirmado que el catolicismo ha hecho esfuerzos conscientes para rebajar el papel de María en la Iglesia y darle un perfil más bajo, a la luz del deseo declarado por la Iglesia de dialogar con el mundo no católico, estrechando así la diferencia entre ella misma y aquellos designados como "hermanos separados". Sin embargo, con el papa Juan Pablo II a la cabeza, María ha reasumido su posición previa de preeminencia, si ciertamente de alguna manera la había abandonado.

Los católicos generalmente reconocen que hay pocas enseñanzas y prácticas más ofensivas para los no católicos que aquellas asociadas con María. De igual manera, muchos analistas católicos reconocen que históricamente se ha dado gran importancia al desarrollo de los conceptos populares relacionados con la Virgen. Estarían de acuerdo en que muchas de ellas no pueden ser sostenidas sobre la base de una lectura objetiva de las fuentes, y que, ciertamente, en muchos casos estos conceptos tienden a ser excesivos.[3] El caso es que, aun aparte de los excesos obvios que alarman y ofenden hasta a algunos católicos, el centro de la enseñanza misma del catolicismo en cuanto a la virgen María es extremadamente problemático.

En otras secciones de este libro se señalarán más específicamente algunos de los procesos históricos que llevaron al desarrollo del dogma oficial relacionado con María. Pero, dado que la enseñanza en cuanto a María es tan singular al catolicismo romano, indicaremos aquí un bosquejo amplio de dicha enseñanza.

Dentro de la teología dogmática católica está la categoría de la "mariología", así como hay categorías para "cristología", "eclesiología", etc. Históricamente, la mariología cambió de lugar, desde ser sólo un apéndice a la cristología; es decir, su importancia tendió a ser considerada en términos de su relación con Jesús. Desde finales del siglo XIX, la mariología alcanzó una posición teológica por sí misma. En términos de secuencia, la consideración de María ahora generalmente sigue al tratamiento teológico de la encarnación y de la redención.

Muchos no católicos tropiezan con lo que perciben como la adoración a la virgen María por parte de los católicos. Aunque ciertamente hay adoración a ella en el nivel popular de la práctica católica, la enseñanza oficial de la Iglesia no afirma la adoración a María, ni tampoco a los santos. María tiene el lugar más alto en el panteón de los santos; de esa forma, es digna del más alto honor que se le pueda dar y por cierto ha de recibir la *veneración* de todos los católicos. Pero, "veneración" no es "adoración". Definida por la enseñanza católica, veneración es el "respeto mostrado a los santos. Puede tomar la forma de oraciones, himnos y cultos; o puede consistir en honrar sus reliquias o estatuas. Principalmente [los católicos] muestran su veneración pidiendo sus oraciones por nosotros e imitando sus vidas vir-

---

3 John L. McKenzie, *The Roman Catholic Church*, Image Book ed. (Garden City, N.Y.: Doubleday and Company, 1971), p. 232.

tuosas".[4] En la enseñanza católica se destaca que la "veneración es diferente del homenaje [adoración] que damos a Dios, comúnmente llamado adoración".[5] Pero, como se mencionó antes, en el nivel de la práctica popular católica, la línea teológicamente sofisticada que divide adoración de veneración tiende a ser confusa o inexistente. Además, decir a los no católicos que uno puede, y ciertamente es urgido a, orar a María y a otros santos sugiere una actividad espiritual que debe estar estrictamente reservada para la esfera singular de la adoración.

Aunque desde la perspectiva católica oficial no ha de existir adoración a María o a los santos, orar a ellos indica su capacidad de cumplir un papel de mediadores. En la ICR uno puede orar directamente al Padre o al Hijo, pero el acceso a Dios es facilitado grandemente cuando se usa a María como un canal de mediación. La aplicación de la razón utilizada por los católicos en este punto es la idea de que María, por ser la madre de Jesús, tiene un acceso más directo a él que ninguna otra persona. Por ser su hijo, él estará más dispuesto a escucharla y conceder sus deseos que a los otros que llegan ante él sin los beneficios de esa relación especial, y que tampoco tienen los méritos especiales de la gracia ganada por ella. La oración a María se ha facilitado por el uso de una oración especial llamada *Ave María* ("Salve, María"), que tiene usos múltiples, siendo uno de los más importantes el de servir como un acto de penitencia para pagar en parte el castigo temporal por los pecados de uno (la penitencia será considerada en un capítulo posterior). Las palabras del *Ave María* son bien conocidas:

Salve, María, llena eres de gracia,
El Señor es contigo.
Bendita tú eres entre todas las mujeres,
Y bendito es el fruto de tu vientre, Jesús.
Santa María, Madre de Dios, ora por nosotros pecadores
ahora y en la hora de nuestra muerte. Amén.

Dentro de la ICR se han desarrollado muchas organizaciones y formas ceremoniales en relación con María. Quizá la más popular en términos de expresión de la devoción hacia ella es el Rosario. Es una forma de oración o serie de oraciones en honor de María. Se usa un artefacto mecánico (conocido también como rosario) que consiste de cuentas para poder contar las oraciones. Algo central en el Rosario en términos de oración es una serie de diez "Salve, María", cada una

---

[4] *The Maryknoll Catholic Dictionary* (Nueva York: Grosset and Dunlap, 1965), pp. 586-87.
[5] *Ibíd.*, p. 587.

comenzando con un recitado del Padrenuestro y concluyendo con la doxología: "Gloria sea al Padre y al Hijo y al Espíritu Santo; como era en el principio es ahora, y siempre será. Amén." Después de varios ciclos de recitación en este orden, se concluyen las oraciones con lo que se conoce como la oración "Salve, Reina Santa":

> ¡Salve, Reina Santa, Madre de misericordia! ¡Nuestra vida, nuestra dulzura y nuestra esperanza! A ti clamamos, pobres hijos extraviados de Eva; a ti mandamos nuestros suspiros, lamentos y llantos en el valle de lágrimas. Muy agraciada Abogada, vuelve tus ojos de misericordia hacia nosotros; y después de este nuestro exilio muéstranos el fruto bendito de tu vientre, Jesús. Oh clemente, oh amante, oh dulce virgen María. Ora por nosotros, oh santa Madre de Dios, que nosotros podamos ser hechos dignos de las promesas de Cristo.

La veneración a la virgen María junto con las oraciones ofrecidas a ella tienen implicaciones por dar a María un papel en el proceso redentor, que la ICR reconoce abiertamente. De acuerdo con la interpretación católica es un lugar secundario, pero María ciertamente lo tiene. Ella señala a las personas hacia Cristo. Ella misma deriva importancia de la relación con su hijo; de esa forma, la verdadera devoción a María llevará a alguien últimamente a su hijo, cuyo lugar es primario en el proceso redentor. Muchos protestantes y no católicos comúnmente afirman un papel redentor para todos los creyentes, en que el Espíritu Santo puede usar el testimonio individual del cristiano, tanto como de toda la iglesia, para llevar a otros a la salvación en Cristo. Pero esto no es lo que afirma la doctrina católica. Dentro del catolicismo, María no sólo tiene el título de "Madre de Dios", sino también el de "Mediatriz de todas las gracias". De acuerdo con la interpretación católica, este es "un título dado a la bendita Virgen debido a su papel en dispensar la gracia a la humanidad por medio del Espíritu Santo por los méritos infinitos de su hijo, Jesucristo. Los teólogos sostienen que debido a su papel en la encarnación y la redención, y a sus propios dolores y sufrimientos, María se convierte en un canal de gracia fluyendo de esos mismos eventos".[6] Hay literatura en la que se adjudican a María los títulos de "comediatriz" y "corredentora" con Cristo. Ha habido veces en que algunos observadores parecieron sugerir que no tardaría en llegar un dogma oficial a esos efectos.

Aunque María no puede compartir la naturaleza divina en la misma manera en que Jesús lo hace, los católicos obviamente creen que ella es muy especial. Los dogmas que la ICR ha declarado en cuanto a ella reflejan que es muy especial, diferente de otros seres humanos y diferente también de otros santos. Debe recordarse de lo afirmado previamente que un dogma es un concepto católico que es

---

[6] *Ibíd.*, p. 367.

una verdad revelada afirmada por la Iglesia y que debe por ello ser creída por todos los católicos fieles. Algunos de esos dogmas serán considerados posteriormente en una forma más plena en su contexto histórico, pero en forma de bosquejo son los siguientes:

1. Su maternidad divina
Este concepto está encerrado en el título "Madre de Dios". Originalmente (y esta sería la afirmación cristiana no católica) el título tenía implicaciones cristológicas principalmente en que intentaba afirmar más acerca de Jesús que de María. En el contexto de la controversia nestoriana del siglo V se lo afirmaba para sostener tanto la humanidad de Cristo (siendo su madre María) como su divinidad (por el uso del término "Dios").

2. Su virginidad perpetua
El catolicismo cree y enseña que María, aunque es la madre de Jesús, nunca perdió su virginidad (los católicos usan otras explicaciones para las referencias en el Nuevo Testamento a los hermanos de Jesús). Aun después del nacimiento de Jesús ella permaneció como una virgen. Perder su virginidad en cualquier momento dentro de su matrimonio con José y aun después del nacimiento de Jesús no puede permitirse porque mancharía su santidad.

3. Su inmaculada concepción
Aunque los católicos creen que el resto de la humanidad está manchada con el pecado original en la concepción y el nacimiento, María es diferente. En una discusión posterior consideraremos, y en más detalle, el proceso de desarrollo de este dogma particular que fue instituido por el papa Pío IX en 1854.

4. Su asunción a los cielos
El papa Pío XII afirmó este concepto como dogma en 1950. Afirma que María no murió y que, por lo tanto, su cuerpo no sufrió descomposición, sino que más bien fue llevado al cielo. Este dogma será considerado con mayor detalle dentro de su contexto histórico específico.

Los católicos probablemente han estado en lo cierto en su crítica sugiriendo que los no católicos han pasado por alto o dado poca atención a María. En su temor de decir demasiado acerca de María, los protestantes y los evangélicos sin duda han dicho demasiado poco de ella. Ningún cristiano tiene que tener ninguna duda en cuanto a la importancia de María. Con Elisabet, la madre de Juan el Bautista, debemos unirnos en llamarla: "Bendita... entre las mujeres" (Luc. 1:42), porque es la madre de Jesús. Sin embargo, para los no católicos la importancia de María no sugiere que ella tuvo un papel redentor que la colocó en una posición de veneración como interpreta la ICR. Su importancia más bien descansa en el hecho de que su lugar en el plan de Dios da significado a la verdad de la encarnación. Ha habido aquellos en cada período de la historia cristiana que han tendido a dudar de que Cristo fue un hombre en todo el sentido de la palabra. Pero, de acuerdo con las Escrituras, Jesús nació de una mujer y aquella mujer fue María. La afirmación de fe lo ha declarado no sólo verdaderamente Dios sino también verdaderamente hombre. Además, todos los cristianos deben considerar a María como una clase de prototipo del creyente cristiano en la iglesia primitiva. Los relatos en el Nuevo Testamento acerca de ella sirven como una especie de resumen de la vida cristiana en todos los aspectos, incluyendo a veces tanto momentos de desánimo como de gozo. El ejemplo de la fe de ella y su espíritu triunfante al enfrentar sus propias luchas espirituales para entender y ser fiel, deben inspirar a todos los creyentes.

SANTOS, RELIQUIAS E IMAGENES

Muy estrechamente relacionado con la veneración a la virgen María está el honor especial dado a los santos en el sistema católico. En cuanto al honor, hay un escalonamiento triple: La primera línea corresponde a Dios; la segunda, a María; la tercera, el honor mostrado a los santos. Solo Dios es honrado por medio de la adoración. Aunque María y los santos son venerados (es decir, honrados pero no adorados), la veneración dirigida a María sobrepasa a aquella que se da a los santos.

Los no católicos generalmente se sienten cómodos con acciones o palabras que buscan "honrar" a los cristianos del pasado que han demostrado una fidelidad poco común hacia Dios. El honor en ese sentido refleja admiración por una vida bien vivida, y generalmente reconoce las contribuciones significativas que ha hecho esa persona a la fe cristiana. Por ejemplo, ¿quién no quisiera honrar la memoria de apóstoles como Pedro y Pablo, o algún misionero destacado del pasado como Guillermo Carey, o un miembro amado de su propia iglesia local? Los cristianos no católicos, ¿no dan contribuciones financieras a iglesias e instituciones para que levanten edificios con el nombre de ciertas personas a las que quieren honrar por haber sido importantes en términos de la devoción cristiana? Pero este tipo de honor, como ya se ha señalado, es bastante diferente de aquel que se dirige a María. De la misma manera, el tipo de honor que resulta dentro del catolicismo en la adoración a los santos, incluyendo las oraciones dirigidas a ellos, es totalmente inaceptable fuera de los círculos católicos.

El término "santo" (o "santos"), como lo usan los católicos, muy frecuentemente es una designación técnica más bien que una palabra general que se aplica a todos los cristianos fieles. Para ser llamado un santo digno de veneración entre los católicos se requiere un proceso de tres etapas, el que puede resultar en que el Papa confiera tres títulos. En primer lugar, un mártir o uno que claramente demuestre virtudes heroicas puede ser designado como "venerable", aunque en esa etapa y con ese título el venerable puede no ser *públicamente* venerado. La segunda etapa es la de la beatificación, que resulta en el título "beato". Para obtener este título debe haber una prueba de por lo menos dos milagros que hayan sido el resultado de la intercesión de aquel que es beatificado. La tercer etapa es conocida como la canonización, que requiere pruebas de dos milagros más, y que finalmente resulta en una declaración papal formal que confiere el título de "santo". En esta última etapa la persona es designada como digna de veneración pública.

La interpretación católica romana afirma que el honor a los santos por medio de la veneración de ellos es honrar a Dios. Comúnmente, los católicos pueden manifestar honor a los santos en tres maneras prácticas: (1) Por medio de imitar la santidad que fue expresada en las vidas de los mismos santos; (2) por medio de orar a los santos que son considerados amigos especiales de Dios y, de esa forma, dándoles el papel de intercesores que ofrecen oraciones en favor de aquel que está orando a ellos; y (3) por medio de mostrar respeto hacia sus reliquias e imágenes ("reliquias" son los restos físicos de los santos o los objetos conectados con ellos o con Cristo, como p. ej. un fragmento de madera de la cruz de Jesús).

Los no católicos reconocen sin problemas los beneficios de estudiar y buscar emular las vidas y ejemplos de los grandes hombre y mujeres de fe que les precedieron. Sin embargo, dentro de la tradición protestante no ha sido una práctica aceptada ni la oración a los muertos ni por los muertos, sean santos o no. Para aquellos fuera de la tradición católica, la oración se ofrece sólo a la deidad; es decir, sólo a Dios. Además, todo el tema de honrar las reliquias e imágenes ha sido otra de las prácticas que aparecen como altamente ofensivas para la mayoría de los no católicos, y percibida por ellos como bordeando o teniendo una base en la superstición.

Debe entenderse, sin embargo, que la posición católica oficial igualmente reconoce los peligros asociados con creer que pueda haber poder inherente en las reliquias o imágenes mismas. El *Catecismo de Baltimore,* por ejemplo, afirma: "Al venerar las reliquias, estatuas o cuadros de nuestro Señor y de los santos, no debemos creer que resida en ellos algún poder divino, ni debemos poner en ellos nuestra confianza como si tuvieran poder en sí mismos para conferir favores."[7] Así, la posición católica afirma que ellos "no oran al crucifijo o a las imágenes y reliquias de los santos".[8] Y además, mientras enfatiza que no debe ponerse confianza en las reliquias o imágenes mismas, el *Catecismo de Baltimore* no dice la misma cosa en cuanto a los

---

[7] John A. O'Brien (ed.), *Understanding the Catholic Faith: An Official Edition of the Revised Baltimore Catechism No. 3* (Notre Dame, Ind.: Ave Maria Press, 1954), p. 152.
[8] *Ibíd.*

santos como personas, sino más bien declara: "Ponemos nuestra confianza en Dios y en el poder intercesor de los santos."[9]

Se percibe a los santos, por lo tanto, como capaces de brindar una influencia significativa dentro de las esferas de poder en el cielo. Debido a su relación especial con Dios, los católicos fieles son animados a orar a los santos por ayuda, y a mostrar respeto a sus reliquias e imágenes. En otros capítulos se notarán los desarrollos históricos desde el siglo XVI relacionados con estos temas.

CONCLUSION

Es obvio que hay otros aspectos singulares del pensamiento y la práctica del catolicismo que no han sido considerados en este capítulo. Todo el sistema católico romano no podría ser tratado en un volumen, mucho menos en un capítulo. Algunos de los conceptos presentados hasta ahora, como la comprensión de la teología y sus propósitos, y su concepto de la iglesia son considerados como básicos para la comprensión de la doctrina católica como un todo. Algunos de los asuntos considerados aquí reaparecerán en capítulos posteriores, junto con otros muchos conceptos interesantes como el purgatorio, las oraciones por los muertos, la misa, las indulgencias, etc.

---

[9] *Ibíd.*

3

REFORMA CATOLICA Y LA CONTRARREFORMA

INTRODUCCION

Los eventos que rodearon a Martín Lutero, Ulrico Zwinglio, Juan Calvino, los anabautistas y otros que resultaron en el fenómeno de la Reforma protestante fueron verdaderamente dramáticos. Sin embargo, en un sentido ellos fueron sólo sintomáticos de un deseo de parte de muchos para que se hicieran cambios radicales en la situación religiosa en Europa occidental en el siglo XVI. Contemporáneo con la Reforma protestante hubo otro fenómeno dramático que permaneció dentro de los límites de la ICR. Se lo conoce como el Avivamiento católico, o Reforma católica, o Contrarreforma. Este capítulo, junto con los dos que siguen, se ha de enfocar sobre el fenómeno de reforma distintivamente *católico* del período.

REFORMA: ¿A FAVOR O EN CONTRA?

Antes del llamado de reforma de la iglesia institucional por Martín Lutero en el siglo XVI, habían existido otros impulsos vivos de reforma dentro del catolicismo. La Reforma protestante, sin embargo, produjo una amenaza importante a la ICR. Esto, a su vez, levantó una reacción significativa dentro del catolicismo en el continente europeo. La combinación de los énfasis internos de reforma junto con la amenaza protestante ahora percibida como estando "fuera" de la ICR, resultaron en lo que se designa en algunas esferas como la "Reforma católica" y/o, en otras, como la "Contrarreforma". Fue contra el trasfondo de pérdidas numéricas significativas y el desafío a su fundamento doctrinal que la ICR despertó y puso en movimiento su propia forma de reforma y plan de acción.

Este énfasis, que se despertó en el catolicismo y resultó en el avivamiento de la ICR, comprende el período desde alrededor de la mitad del siglo XVI hasta la primera década del siglo XVII. Debe recordarse, sin embargo, que las raíces o impulsos iniciales para la Reforma católica y para el avivamiento eran previas. Ciertamente, Lutero mismo y otros antes que él tenían un interés intenso por reformar la ICR. Pero fue el hecho y el efecto de la Reforma protestante los que produjeron la respuesta católica en términos de una acción verdaderamente significativa.

Los eruditos han luchado por mucho tiempo para determinar la naturaleza real de lo que transpiraba dentro de la vida y práctica del catolicismo romano durante el período de la Reforma. Y, desde el siglo XIX ha habido mucha discusión en cuanto a si la designación más familiar de "Contrarreforma" es adecuada a lo que realmente sucedió en el catolicismo romano durante aquella época. El asunto es que la palabra "contra" sugiere que la acción del catolicismo era realmente una *reacción contra* los desarrollos inspirados por Lutero y otros reformadores protestando acerca de los abusos morales y los aspectos no bíblicos de la doctrina católica. Los católicos romanos mismos prefieren describir lo que ocurrió dentro de sus propios círculos como una auténtica "reforma", en y de sí misma. Por ello sugieren que lo que ocurrió en términos de una reforma real en la ICR fue el resultado de acciones e iniciativas positivas, y no simplemente una reacción a lo que los protestantes habían alcanzado, ni un intento simplemente de "contra" u oposición a ellos. De modo que, antes de las condiciones mejoradas para el diálogo entre católicos y no católicos desde el Concilio Vaticano II, la tendencia de los protestantes era generalmente usar la designación de "Contrarreforma" para lo que había pasado entre los católicos en aquel período, mientras que los católicos preferían referirse a esa época como la "Reforma católica".

Al considerar la pregunta: ¿Contrarreforma o Reforma Católica?, el erudito inglés A. G. Dickens se ha preguntado:

> ¿No eran ambos bastante obvios? Algunos de los tributarios de la corriente de avivamiento son discernibles antes de Lutero. Y aún después de la revuelta de Lutero, las contribuciones católicas más elevadas provinieron de aquellos hombres y mujeres que creyeron que estaban buscando a Cristo más que peleando a Lutero. Sin embargo, por otro lado parece... que la Reforma luterana... estimuló al catolicismo autorreformador a un esfuerzo mayor, aunque las tareas de autodefensa y contraataque demandaron una parte no pequeña de sus recursos crecientes.[1]

El profesor Dickens continuó haciendo la distinción interpretativa así: "Reforma católica para la manifestación más espontánea, Contrarreforma para el movimiento de desarrollo con la resistencia y reconquista muy arriba en su agenda."[2]

El fenómeno que ocurrió fue de naturaleza bidimensional. Primero, involucró la dimensión de la reforma interna, mucha de la cual fue indudablemente espontánea. Esto incluyó el elemento de renovación

---

[1] A. G. Dickens, *The Counter-Reformation* (Londres: Thames and Hudson, 1968), p. 7.
[2] *Ibíd.*

espiritual que dio a la ICR el ímpetu agregado para algunas de las reformas éticas y pragmáticas que ocurrieron dentro de la Iglesia durante el período. Segundo, había una dimensión externa que los no católicos han percibido como la Contrarreforma en el sentido de estar en contra o de buscar contraatacar lo que los protestantes han alcanzado. Parece que el papado y la ICR reconocieron temprano la imposibilidad de destruir totalmente lo que se había desarrollado bajo los líderes protestantes, pero continuaron dirigiendo sus esfuerzos hacia el ataque a los protestantes donde fuera posible, con la meta de frenar el progreso y expansión de la Reforma y neutralizar sus efectos.

Al confrontar la amenaza obvia del protestantismo en el siglo XVI la ICR comprendió la necesidad de reformarse a sí misma. De ese modo, empujada por impulsos espontáneos hacia la renovación espiritual en la vida de la Iglesia, y, por el otro lado, con una estrategia deliberadamente planeada, la ICR se entregó a llenar esa necesidad. Hay muchos historiadores que estarían de acuerdo en por lo menos tres metas obvias de la Reforma católica y/o Contrarreforma: (1) La abolición de los abusos morales excesivos dentro de la Iglesia, los cuales habían provisto a los reformadores protestantes con las oportunidades claras para sus ataques; (2) la reorganización de la maquinaria eclesiástica para enfrentar al nuevo desafío, incluyendo el fortalecimiento del papado y la clarificación de la doctrina; y (3) el intento de realinear y fortalecer los lazos de la ICR con los diferentes gobiernos. En relación con estas metas, la ICR fue capaz de alcanzar cierto grado de éxito en cada una de las tres áreas. Esto significó, por lo menos desde la perspectiva católica, que hacia el fin de su período de reforma, la ICR estaba nuevamente en una posición de gran fortaleza.

CENTROS DE REFORMA CATOLICA

1. España

Antes de 1517 y de la acción de Martín Lutero para encender la Reforma protestante, en España había comenzado una reforma del catolicismo. Allí, la monarquía había mantenido un poder secular importante y un control sobre la Iglesia Católica. El rey Ferdinando y la reina Isabel no sólo son importantes por financiar las exploraciones de Cristóbal Colón, sino también por su compromiso en lograr una reforma de gran alcance para la Iglesia en España.

(1) La "tesis española". La "tesis española" es una premisa exagerada a la que se adhieren algunos eruditos, que dice que la Reforma católica en la totalidad de su expresión europea resultó básicamente de la inspiración de España. Llama la atención al hecho de que la Reforma católica fue instigada en España antes de Lutero y su énfasis en la necesidad de reforma. Por supuesto, hay problemas con esa tesis. No permite mucha consideración con lo que muchos describirían como las influencias italianas singulares; no responde a la fuerte sugerencia de que la reforma en el catolicismo español fue en sí misma influenciada por escritores espiritualistas en Alemania y en los Países Bajos.

Aunque sea exagerada, la "tesis española" llama la atención a varias realidades significativas. Por ejemplo, los esfuerzos hacia una reforma estaban bien adelantados en España antes de Lutero. Asimismo, algunas de las metas de la Reforma católica posterior y más amplia, tal como la adhesión a patrones más elevados de la ética de parte del clero, ya habían sido realizados hasta cierto grado en España. Y, ciertamente, la fundación de la Sociedad de Jesús (los jesuitas) por el español Ignacio de Loyola fue uno de los desarrollos más significativos relacionados con la Reforma católica en el continente europeo. Todo esto es para sugerir que la influencia española fue ciertamente fuerte y tendió a influir en ciertos aspectos de la Reforma católica más amplia, pero probablemente no al grado sugerido por la "tesis española".

(2) La Reforma católica en España. Como se indicó antes, la monarquía en España llegó al punto de poder suficiente en el cual era seguro iniciar allí reformas de la Iglesia Católica sin tener en cuenta los sentimientos del papado en Roma. En general, Ferdinando confiaba en el Papa. Al mismo tiempo el papado, aunque no estaba entusiasmado en cuanto a algunas direcciones que había tomado la reforma de la iglesia en España, no quería estar en contra del rey, e hizo algunos intentos para cultivar el apoyo de la monarquía. Como resultado, Ferdinando e Isabel, al unificar a España, fueron capaces de manipular al papado hasta llevar a la Iglesia Católica en España a quedar bajo el poder real.

En la estructura que desarrolló la monarquía, el arzobispo de Toledo, como primado de España, llegó a ser segundo en poder sólo detrás del rey. A esta posición llegó Francisco Ximénez de Cisneros (1436-1517). Y, con el poder y la autoridad necesarios para funcionar efectivamente, Ximénes se convirtió, en el pensamiento de muchos, en el reformador católico más importante de España.

Ximénes, un sacerdote franciscano y hombre de carácter fuerte, había estado en prisión en cierta oportunidad por su rechazo a participar o aprobar algunas de las prácticas corruptas que eran comunes entre los sacerdotes de su tiempo. Aunque había recibido los beneficios de una buena educación, Ximénes practicó una vida de austeridad personal y parecía preferir la vida de soledad espiritual. Sin embargo, en 1492 él asumió el oficio de confesor de la reina Isabel, y pronto se convirtió en alguien muy influyente en la corte, no sólo como consejero espiritual sino también en asuntos de Estado. Con grandes reservas de su parte fue nombrado arzobispo de Toledo en 1495. A pesar de ello, habiendo asumido ese puesto, se propuso concretar una reforma y la conformidad dentro de la Iglesia. Con el apoyo especial de Isabel a sus iniciativas, la Reforma católica en España bajo su liderazgo halló varias maneras de expresión:

Reforma de los monasterios. Ximénes reclamó el fin de la laxitud moral que existía entre los monjes, y los desafió a una observancia renovada de los votos de pobreza, castidad y obediencia. Se castigó a aquellos que se resistían.

Reforma del clero. Los obispos fueron especialmente afectados. Se había desarrollado la práctica de que alguien podía ser nombrado obispo de un área determinada y recibir los beneficios financieros del oficio sin residir en el lugar del obispado. Los "obispos ausentes" eran un fenómeno común. Ximénes requirió que los obispos vivieran "en el lugar" y sirvieran como "pastores", enseñando las Escrituras y educando a los niños.

Enfasis sobre el aprendizaje. Ximénes, afectado personalmente por el humanismo creciente del período e influido por su propio trasfondo educacional, promovió la educación. Su logro más significativo en esta área fue la fundación de la Universidad de Alcalá. El énfasis de esta nueva universidad estuvo en el entrenamiento de teólogos y el desarrollo de un clero educado. Se animó el estudio del hebreo y el griego, a fin de poder ser aptos para la interpretación de las Escrituras.

Enfasis sobre las Escrituras. Bajo la supervisión de Ximénes se publicó una edición multilingüe de la Biblia. Se la conoció como la *Biblia Políglota Complutense* (complutense viene del latín *complutum*, el equivalente latino para Alcalá, la universidad donde se hizo la traducción). Utilizando los mejores lingüistas disponibles, incluyendo tres convertidos del judaísmo para trabajar en el texto hebreo, la *Políglota Complutense* fue la primera Biblia completa impresa en los idiomas originales. La sección del Antiguo Testamento tenía el texto en columnas paralelas en hebreo, griego (la Septuaginta) y Latín (la Vulgata de Jerónimo). El Nuevo Testamento fue probablemente el primero que se imprimió jamás en griego. El propio testimonio de Ximénes refleja su propósito de poner énfasis en las Escrituras. El dijo que se regocijaba en "esta edición de la Biblia que, en esta época crítica, abre las fuentes sagradas de nuestra religión, de la cual fluirá una teología mucho más pura que cualquiera derivada de fuentes menos directas.[3]

Algunos han sugerido que aquí debe verse un énfasis sutil sobre la prioridad de las Escrituras sobre la tradición.

A medida que la situación se desarrolló en España, el instrumento básico para la reforma fue la Inquisición. "Inquisición" es un término que denota la prosecución por parte de los tribunales eclesiásticos de

---

[3] Justo L. González, *The Story of Christianity*, 2 tomos (San Francisco: Harper and Row, 1985), 2:112.

aquellas personas sospechosas de herejía. La Inquisición española, como se la practicó desde 1480, representa el lado oscuro de la Reforma católica en España.

El concepto de la Inquisición y de las prácticas relacionadas con la misma data de la mitad del siglo XII. En lugar del viejo método de juicio por acusación, en el que un acusador formal tenía que tomar la iniciativa en llevar al acusado ante el tribunal, el énfasis estaba en el juez tomando la iniciativa de realizar una "investigación" cuando se sospechaba de herejía. El castigo para la herejía bajo la Inquisición podía ir desde la confiscación de propiedad, destierro o exilio hasta la tortura, prisión y aun la muerte. Aunque la Inquisición fue dirigida por eclesiásticos, cuando se imponía la pena de muerte ésta era llevada a cabo por las autoridades seculares, dado que la Iglesia no podía oficialmente envolverse en ese tipo de castigo.

En España, Ximénes mismo fue nombrado Gran Inquisidor en 1510. Aunque trató de corregir algunos de los abusos más obvios de la Inquisición bajo uno de sus predecesores, el famoso Tomás de Torquemada (m. 1498), aun durante el período de diez años en que Ximénes estuvo a cargo de la Inquisición hubo una cantidad importante de gente que sufrió grandemente.

Francisco Ximénes de Cisneros murió en 1517, justo antes que Lutero clavara sus noventa y cinco tesis en la puerta de la iglesia en Wittenberg. En realidad, lo que existió en España en el umbral de la Reforma protestante fue una iglesia nacional. La monarquía de España, por ello, podía de alguna manera permanecer separada en relación con los problemas del papado y considerar la reforma que era necesaria en su propia ubicación. La reforma del catolicismo en España fue tan fuerte que el protestantismo nunca fue una amenaza real allí.

2. Italia

Como se esperaría de Roma como la sede del papado, había una cantidad de impulsos de reforma que estaban presentes en ella y en otras ciudades italianas. En cuanto a resultados abarcadores de los esfuerzos ejercidos para reformar la Iglesia Católica, hasta que se llega al Concilio de Trento (1545-63), debe admitirse que las ganancias en dirección a una reforma fueron más bien limitadas. Esto es especialmente cierto cuando se los compara con los logros más notables que se alcanzaron en España. Sin embargo, esto no quiere decir que los efectos de lo que pasó en Roma y en Italia no fueron importantes. Cada uno contribuyó en su propia manera al establecimiento de un fundamento que preparó el camino hacia lo que finalmente se alcanzó en Trento.

(1) El establecimiento de las sociedades reformistas. Es necesario mirar en otros lugares aparte del papado mismo para encontrar algunas de las raíces más significativas que últimamente se afirmaron y se desarrollaron en un movimiento verdadero de reforma dentro de la ICR. En Italia existía una combinación de elementos que llevaron en la dirección de reforma dentro de la Iglesia. Primero, existía una insatisfacción más bien natural de muchos que se sentían oprimidos por el sistema eclesiástico del catolicismo. Segundo, estaba el elemento del Renacimiento y del desarrollo del humanismo que traería el cuestionamiento intelectual del sistema eclesiástico y sus pretensiones. Un tercer factor era la relación del nacionalismo y los intereses italianos con el papado. Esto significaba que, en general, los italianos preferían trabajar hacia la reforma de la iglesia institucional existente más bien que separarse de ella.

En 1517, aparecieron en Alemania las 95 tesis de Lutero. En el mismo año, una sociedad de clérigos y laicos fundó un capítulo del Oratorio del Amor Divino en la ciudad de Roma. Dentro del catolicismo romano de principios del siglo XVI, se pueden descubrir individuos y pequeños grupos que estaban interesados en encontrar maneras prácticas de expresar sus intereses de reforma y desarrollar su propia espiritualidad. El Oratorio del Amor Divino entra dentro de esta categoría. En ese tiempo, era una confraternidad constituida por cincuenta o sesenta miembros comprometidos con la causa de la reforma dentro de la ICR. Otros capítulos habían existido antes en por lo menos dos docenas de ciudades italianas, y otros capítulos se fundaron en otras ciudades después de 1517.

El Oratorio del Amor Divino no era una orden religiosa en el sentido técnico, sino que más bien era una especie de "club santo". Los miembros estaban muy interesados en la renovación espiritual. Su centro estaba en la oración, la proclamación, el uso frecuente de los sacramentos, y lo que ellos describían como hacer "actos de amor". Estos actos de amor incluían responder a las necesidades humanas. Esto tuvo como resultado que los miembros del Oratorio se involucraban en ministerios educativos para los pobres y el establecimiento de orfanatos y hospitales. Según ellos, la Iglesia estaba demasiado institucionalizada y ellos buscaban recapturar y reafirmar la dinámica espiritual dentro de la fe cristiana. Reflejando tanto las raíces espirituales medievales como el humanismo contemporáneo, la convicción de ellos era que la reforma de la Iglesia debía comenzar con los individuos. Tenían la esperanza de que reformando sus propias vidas podían inspirar una devoción renovada a Cristo y a la Iglesia.

El Oratorio del Amor Divino es importante históricamente porque muchos líderes futuros de la reforma dentro del catolicismo estaban asociados con el mismo. Estos incluyen a Giovani Pietro Caraffa, que llegaría a ser el papa Pablo IV; Gasparo Contarini y Gaetano Thiene, el fundador de la Orden Theatina. Otro fue Gian Mateo Ghiberli, quien fue bastante influyente debido a que una cantidad de sus énfasis reformistas fueron últimamente aceptados y articulados en los decretos oficiales del Concilio de Trento.

En el mismo clima en el cual existió el Oratorio del Amor Divino, y en algunos casos inspirados por esa sociedad, existieron otros grupos y organizaciones de reforma. Ya se mencionó a los theatinos, quienes buscaron especialmente llevar las influencias de reforma sobre el clero. Otros grupos entre los que ponían énfasis en la espiritualidad y en los actos de caridad eran los capuchinos, las urselinas y las hermanas de la caridad. Todos estos, y otros, sirvieron como una base para llamar a la ICR a reflexionar sobre la espiritualidad y el ministerio.

(2) Intentos oficiales de reforma. En cuanto a los intentos oficiales de parte de la ICR para reformarse, se puede decir que la mayoría de ellos fueron básicamente improductivos. Pero deben ser señalados, porque fueron intentos legítimos. Asimismo, fueron importantes en el establecimiento de la clase de trasfondo que hizo posibles los éxitos posteriores del Concilio de Trento.

Un intento oficial de reforma se produjo entre 1512 y 1517. Durante ese período, se reunió el Quinto Concilio Laterano de la ICR. Ese concilio representó el intento del papa Julio II para responder al sentimiento antipapal que era muy notable en esa época. En el proceso, se hicieron varias proposiciones ambiciosas, incluyendo planes para misiones en América. Se reconoció la necesidad de reformas amplias dentro de la Iglesia. Se habló de la ciudad de Roma como un "prostíbulo vergonzoso". Se atacaron formalmente los abusos dentro de la Iglesia en documentos oficiales, pero el programa de reforma nunca fue organizado. Los Papas que podían haber llevado a cabo las reformas propuestas no lo hicieron o no pudieron. Cuando el Concilio terminó en 1517, la ICR fue confrontada con la situación luterana en Alemania, de modo que tuvo sus manos llenas con otros problemas. Pero el Quinto Concilio Laterano, a pesar de sus alcances magros, se considera como un reflejo de los intereses genuinos de reforma de parte de algunos dentro de los rangos oficiales del catolicismo.

Un segundo intento oficial de reforma ocurrió durante el breve pontificado del papa Adrián VI, desde enero de 1522 hasta septiembre de 1523. Adrián, un holandés y un auténtico erudito, fue el último de los Papas no italianos hasta Juan Pablo II. Adrián era un hombre de genuina integridad, que llevó al papado metas positivas para la reforma. Era de Utrecht y había estudiado en la Escuela de los Hermanos de la Vida Común en Zwolle. Fue un graduado de la Universidad de Lovaina (doctor en teología) y sirvió allí como profesor. En 1507 fue nombrado tutor del futuro emperador, Carlos V; posteriormente, en 1515, cuando estaba en España, estuvo asociado con Ximénes.

En Adrián VI había apertura en términos de enfrentar la realidad de los abusos morales que existían en la ICR. El apuntó a Roma misma y a los clérigos de la Iglesia como la fuente de la corrupción. En una carta oficial de instrucciones a uno de sus representantes, la cual debía ser leída públicamente, Adrián VI declaró:

> Confesamos francamente que Dios permite que esta persecución aflija a su Iglesia debido a los pecados de los hombres, especialmente los sacerdotes y prelados de la Iglesia... Sabemos que por muchos años han ocurrido muchas cosas abominables en esta Santa Sede, abusos en asuntos espirituales, transgresión de los mandamientos y, finalmente, un cambio en todo para lo peor. No es sorprendente que la enfermedad se ha expandido de la cabeza a los miembros, de los Pontífices Supremos a los prelados debajo de ellos... Prometemos que expandiremos todo esfuerzo posible para reformar primero esta Curia, desde donde quizá ha surgido todo el mal, de modo que, así como la corrupción se difundió desde ese lugar a todos los lugares inferiores, pueda también desparramarse la buena salud y la reforma.[4]

Es interesante especular acerca de lo que pudiera haber pasado si Adrián VI hubiera vivido más, pero murió. Es cierto que en él vemos un interés genuino en una reforma en el nivel más alto de la ICR; sin embargo, cuando Adrián VI murió, hubo un movimiento para nombrar a un Papa no reformista.

En octubre de 1534, el cardenal Alessandro Farnese se convirtió en el papa Pablo III. El nuevo Papa asumió sus responsabilidades papales con el compromiso de instituir reformas en la Iglesia. Durante su papado se puede discernir un tercer intento oficial de reforma. En algunas maneras, lo que Pablo III hizo quizá representa una transición de un énfasis sobre la reforma dentro de la Iglesia hacia una dirección de Contrarreforma definida. Hubo dos pasos en esa transición bajo el papa Pablo III.

El primer paso que tomó Pablo III se ve en la elevación al puesto de cardenal de varios hombres importantes que ya habían manifestado tendencias reformistas definidas. Entre ellos estaban Gasparo Contarini y Gian Pietro Caraffa, quienes habían sido miembros del Oratorio del Amor Divino, grupo inclinado hacia la reforma.

El segundo paso fue el nombramiento por Pablo III de una comisión especial de reforma en 1536. La comisión estaba formada por

---

[4] John C. Olin, *The Catholic Reformation: Savonarola to Ignatius Loyola* (Nueva York: Harper and Row, 1969), p. 125.

nueve miembros, incluyendo los nuevos cardenales que había nombrado. Junto con los ya mencionados, había otros cardenales con mente reformista, como el antiguo miembro del Oratorio del Amor Divino, Gian Matteo Gilberti, y otros amigos cercanos de Contarini. Se nombró a Contarini como presidente de la comisión, que se tituló, en latín, *Consilium delectorum cardinalium et aliorum prelatorum de emendanda ecclesia* (Consejo de los cardenales y otros prelados elegidos [por el Papa] para la reforma de la Iglesia), conocido común, y simplemente, como el *Consilium*. El Papa encargó a la comisión la responsabilidad de declarar los abusos dentro de la ICR y llevarle recomendaciones para su corrección. En marzo de 1537, después de una serie de deliberaciones secretas, la comisión presentó su informe —el *Consilium*— al papa Pablo III.

Mucho de lo que contiene el *Consilium*, en términos de declarar los abusos dentro de la ICR de aquel entonces, se puede encontrar en los escritos tempranos de hombres como Contarini y Cortese. El documento no está interesado básicamente en asuntos teológicos y, de esa forma, no se refiere a la amenaza protestante en ese punto. Eso fue hecho posteriormente en el Concilio de Trento. Los intereses del *Consilium* son más prácticos. Representa más la obra de los moralistas que de los teólogos. Entre el catálogo de abusos que se señalan dentro de la Iglesia estaban: Los obispos se interesaban más en la riqueza y en el mundo que en el cuidado de su redil, peculado, casos de clérigos enredados con prostitutas y concubinas, sobornos, excesos en relación con las indulgencias, simonía, y así la lista continuaba.

Finalmente, y muy significativamente, había una lista de los abusos relacionados con el papado. El *Consilium* afirmaba que Roma necesitaba servir como ejemplo para toda la cristiandad. Se citaba al Papa como responsable por asegurar que esto fuera así, porque, de acuerdo con el documento

> El [el Papa] fue elegido como el vaso para llevar el nombre de Cristo entre las naciones. Ciertamente, esperamos que tú has sido elegido para restaurar en nuestros corazones y en nuestras obras el nombre de Cristo ahora olvidado por las naciones y por nosotros los clérigos, para sanar las enfermedades, para traer de nuevo las ovejas a Cristo a un mismo redil, para quitar de nosotros la ira de Dios y la venganza que merecemos y que ya está preparada y apareciendo sobre nuestras cabezas.[5]

Los miembros de la comisión fueron firmes en su declaración de que sólo el Papa podía realizar el cambio necesario. Este desafío se presentó en forma aguda, con la siguiente declaración: "Tú has toma-

---

5 *Ibíd*, p. 197.

do el nombre de Pablo; esperamos que imites la caridad de Pablo."[6]

El *Consilium*, como un informe, es extremadamente importante porque no provino del campo acusador de los protestantes. En cambio, el listado de abusos y el llamado a una reforma provino de la ICR misma, y desde el segundo escalón en poder de la Iglesia: los cardenales.

Después de recibir el informe, el Papa nombró otra comisión para poner en práctica las reformas sugeridas. Sin embargo, la nueva comisión no cumplió con su asignación. Se creía que el informe revelaba demasiados abusos escandalosos relacionados con el papado.

Aunque ya se ha prestado atención al uso de la Inquisición en España, la misma fue reinstituida en forma oficial, para uso sobre una base universal, por el papa Pablo III en 1542. Se la llegó a conocer como la "Congregación del Santo Oficio". Como muchas otras cosas en aquel período, fue reactivada en reacción al crecimiento numérico rápido y significativo del movimiento protestante. La Inquisición intentó detener el flujo de personas que dejaban la ICR y fortalecer la fuerza del papado. La Inquisición era especialmente fuerte en aquellos lugares donde los líderes políticos apoyaban la ICR. A menudo, la Inquisición se expresaba en acciones brutales que se ejecutaban contra aquellos que eran acusados de herejía o infidelidad a la Iglesia. Además, con la prisión o ejecución de los culpables, las propiedades y posesiones de la víctima iban a parar a la propiedad de la ICR o del gobierno, en lugar de ir a la familia de los acusados. De este modo, se usaba de la fuerza para implementar este aspecto de la "reforma" católica.

Desde una perspectiva teológica, el catolicismo afirmó una meta noble para la Inquisición. Tenía que ver con el interés en el bienestar de las almas. No se acusaba a las personas de criminales, sino de "pecadores". Un pecador es alguien que necesita confesarse, a fin de obtener el bienestar de su propia alma. La intención era que cuando uno confesaba, se le prescribían castigos de acuerdo con las guías ordinarias de la penitencia. Cuando las personas no confesaban, eran entregadas a las autoridades seculares para castigo, con la implicación de que el alma se había perdido.

Aunque la mayoría de los castigos físicos relacionados con la Inquisición disminuyeron con el correr del tiempo, no es hasta 1965 y en el espíritu del Concilio Vaticano II que uno encuentra un cambio oficial en la dirección verdaderamente significativa. En ese año, el papa Pablo VI cambió el nombre a "Congregación de la Fe". John L.

---

[6] *Ibíd.*

McKenzie dijo que el papa Pablo VI "hizo claro que con el cambio de nombre él intentaba cambiar el carácter tanto como la reputación de la organización. La Congregación de la Fe debía trabajar en la promoción de la sana doctrina más bien que en detectar y condenar el error".[7] Sin lu-gar a dudas, durante la época de la Reforma, la Inquisición fue bastante efectiva en reclamar a los adherentes al catolicismo romano.

LA SOCIEDAD DE JESUS

Uno de los desarrollos más amplios que surgieron durante el período de la Reforma católica y que, junto con algo como el fenómeno de la Inquisición tiende a dar la base para llamarla Contrarreforma, fue la fundación de la Sociedad de Jesús, conocida también como la Orden Jesuita. El fundador de esta Orden fue Ignacio de Loyola (1491-1556).

Loyola, un español de ascendencia noble, eligió una carrera militar. Esta se cortó cuando él sufrió una herida grave en una pierna, en una batalla contra los franceses en Pamplona, en 1521. Durante su período de recuperación Loyola leyó muchos libros devocionales, los cuales tuvieron un impacto profundo sobre su vida. Llegó a tomar la decisión de enrolarse en un nuevo ejército, el de Cristo, y se comprometió a ser un soldado de Jesús y un caballero de la virgen María. Usaría las vidas de los santos como su modelo y buscaría superarles en acciones y devoción.

En este punto, Ignacio de Loyola comenzó un curso exigente de preparación espiritual y académica, que le llevó casi quince años para completar. Loyola alcanzó un sentido de paz interior al someterse a la iglesia institucional y a sus tradiciones, comprometiéndose a la autoridad del papado. Después de su recuperación pasó un tiempo en un monasterio en Manresa y comenzó el desarrollo de su libro clásico, titulado *Ejercicios espirituales*. A los 33 años de edad comenzó su preparación para el sacerdocio y el estudio de la teología. Esto lo llevó a comenzar el estudio del latín en una escuela para jovencitos. Luego de allí estudió en universidades en España, incluyendo Alcalá, y finalmente se mudó a la Universidad de París, donde recibió su diploma.

En París Loyola reunió a su alrededor a un pequeño grupo, incluyendo a Francisco Javier, quien posteriormente se convertiría en el gran misionero católico en el Oriente, quien con Loyola practicó los

---

[7] John L. McKenzie, *The Roman Catholic Church* (Nueva York: Image Books, 1971), p. 42.

ejercicios espirituales. Los ejercicios tenían como propósito involucrar a un individuo en autoexamen, meditación y oración, con la meta de quitar de su vida las atracciones terrenales y, en el proceso, encontrar la voluntad de Dios. Los ejercicios estaban divididos en cuatro semanas, con un énfasis especial para cada semana. La primera semana se centraba en el pecado y en la purificación del alma. La segunda semana enfocaba la atención de uno en la vida de Cristo, llegando a los eventos de la pasión de Jesús, con el propósito de inspirar un amor más grande por él. La pasión de Cristo era el centro focal de la tercera semana, con la meta de alcanzar un compromiso más profundo en seguirlo. La cuarta semana consideraba la victoria de la resurrección de Cristo y ponía énfasis en que el seguidor era libre de las ambiciones de este mundo. En 1534 Ignacio y su grupito de seis personas tomaron los votos de pobreza, castidad y obediencia al Papa, y formaron la Sociedad de Jesús. En la Orden había un compromiso misionero, a fin de esparcir la fe católica y el avance de la educación. En estas dos áreas los jesuitas se destacarían posteriormente. El papa Pablo III les otorgó el reconocimiento oficial en 1540.

Los jesuitas posteriormente llegarían a ser impopulares y controversiales en algunos círculos de la ICR. Habrían de ser expulsados de algunos países en el siglo XVIII, y aun su licencia como una Orden sería oficialmente anulada por el papa Clemente XV en 1773. Muchos años después, en 1814, el papa Pío VII reconocería oficialmente de nuevo a la Orden. Pero en el período de la Reforma católica, y especialmente la Contrarreforma, la Sociedad de Jesús experimentó un crecimiento rápido de sus miembros y se convirtió en una fuerza muy poderosa. Ellos fueron ardientes defensores de la posición del papado. De ese modo, fueron descritos por algunos como "la mano derecha del Papa" y la "guardia avanzada" de la Contrarreforma. Como hemos visto, fueron muy visibles e influyentes en las deliberaciones del Concilio de Trento. Asimismo, las actividades misioneras de la Sociedad en el Oriente y en Sudamérica resultaron en oleadas de nuevos convertidos al catolicismo romano. Esto ayudó a la ICR a recuperar las pérdidas numéricas que habían experimentado por el crecimiento del protestantismo en Europa occidental.

CONCLUSION

Un repaso de los asuntos descritos en este capítulo indica que tanto antes como durante la Reforma protestante había impulsos y actividades reformistas que estaban vivos dentro del mismo catolicismo romano. Aunque la intensidad y el nivel de alcances de estos impulsos y actividades varía en forma significativa, todos ellos prueban ser importantes en el establecimiento de fundamento y dirección para la Reforma católica durante el período. Juntos, estos desarrollos condujeron a lo que se ha descrito como "el centro de la Contrarreforma": el Concilio de Trento. Ese concilio, tan importante para determinar y expresar el corazón del catolicismo tradicional, ocupará nuestra atención en los siguientes dos capítulos.

4

EL CONCILIO DE TRENTO Y EL CATOLICISMO TRADICIONAL

INTRODUCCION

Cuando se habla del catolicismo romano "tradicional" la referencia es a aquella forma de expresión que ha sido guiada por las definiciones que surgieron del Concilio de Trento en el siglo XVI, las que han dominado a la ICR por 400 años, hasta el Concilio Vaticano II. Uno de los puntos de tensión entre los católicos en la actualidad tiene que ver con cómo mantener con toda su rigidez las enseñanzas de Trento —tradicionales, incuestionables por mucho tiempo, formuladas en reacción a un protestantismo dinámico— y, al mismo tiempo, abrazar la flexibilidad y la libertad asociadas con los nuevos enfoques del Concilio Vaticano II.

Este capítulo se enfocará en algunos de los desarrollos y definiciones doctrinales clave que surgen del Concilio de Trento. Se hará un intento especial para aislar tres áreas de comprensión doctrinal contrastante, las cuales sirven para señalar las diferencias más importantes entre los católicos y sus contrapartes protestantes. Antes de ello será necesario considerar el trasfondo histórico del Concilio para ver cómo encaja dentro del fluir de todo el proceso de Contrarreforma.

EL CONCILIO DE TRENTO

La ICR considera al Concilio de Trento como el décimonoveno concilio ecuménico en su historia. Una definición indica que para ellos un concilio ecuménico es "una reunión formal de obispos y representantes... reunida con el propósito de reglamentar doctrina o disciplina".[1] De acuerdo con la ley canónica (leyes que regulan la Iglesia) sólo el Papa puede llamar a un concilio ecuménico. Las decisiones de los concilios, para ser válidas, deben ser confirmadas por el Papa.

Ya hemos visto que, en medio de las Reformas católica y protes-

---

[1] *The Oxford Dictionary of the Christian Church,* segunda edición. "Council,", p. 351.

tante, había personas que esperaban la reconciliación entre el protestantismo y el catolicismo. Es cierto también que aquellos que deseaban esto, reconocían que involucraría que ambas partes cedieran algo. A la vanguardia de esta esperanza estaba el emperador Carlos V (m. 1556). El emperador parecía estar presionando en favor de un concilio que instituiría reformas que corregirían los abusos morales y minimizaría las diferencias doctrinales. Su mayor interés, por supuesto, era la unidad política; él creía que la disminución de los abusos principales apelaría a los protestantes para volver bajo el paraguas de la ICR. Sin embargo, el papa Pablo III (1534-49) no estaba interesado en ceder y empleó tácticas dilatorias para evitar el llamado a un concilio. En parte, él temía la posibilidad de que tal movimiento podía erosionar de alguna manera el poder del papado. Cuando Pablo III finalmente llamó a un concilio, insistió en que tendría la tarea de definir la doctrina. Por lo tanto, la situación completa referida a los dos asuntos principales —el temor al protestantismo y el deseo de reforma interna— fueron complicados por rivalidades políticas y por otros motivos. Debido a las demoras, el concilio no comenzó a reunirse hasta tres años y medio después de la convocatoria inicial del Papa. El lugar de reunión fue Trento, una ciudad de Austria, muy cerca del límite con Italia.

El Concilio de Trento comenzó sus reuniones en 1545 y finalizó en 1563. En teoría era un concilio solo. En la práctica, sin embargo, hubo tres períodos diferentes de reuniones, cada uno de los cuales parece haber tenido una vida y una identidad propias. El primer período fue desde 1545 hasta 1547, el segundo desde 1551 hasta 1552 y el tercero desde 1562 hasta 1563. Hubo superposición de representantes en las diferentes sesiones, pero cada reunión tenía sus propias características distintivas. La asistencia en las etapas tempranas del Concilio fue a veces menor que 50, mientras que en las sesiones posteriores había entre 250 y 300 presentes. Fue temprano que se decidió que el voto sería sobre una base individual más bien que por naciones votando como entidades individuales. Con el grupo grande de obispos italianos, esto significaba que aquellos con tendencias favorables al Papa ganarían el control del Concilio y podrían dictar las decisiones.

Cuando el papa Pablo III formuló su llamado al Concilio de Trento, se declararon tres propósitos para el mismo: (1) Definir la doctrina católica; (2) reformar la vida de la Iglesia; (3) erradicar la herejía. El primer propósito se cumplió integralmente y, en una extensión menor, también el segundo. En relación con el tercer propósito —erradicar la herejía— el Concilio sólo pudo aprobar resoluciones. Mucho antes de que el Concilio de Trento finalizara en 1563, era más que obvio que los protestantes y los católicos estaban demasiado separados para reconciliarse. Parecía bastante evidente que, desde el papado, el interés era más bien considerar los asuntos doctrinales en una manera que excluyera a los protestantes que de abrir la puerta para la reconciliación. Este capítulo y el siguiente señalarán con cierto detalle las conclusiones doctrinales de Trento. Es suficiente aquí indicar que las decisiones doctrinales eran en realidad mucho más una redeclaración, en formas nuevas, de las posiciones doctrinales que la ICR había mantenido durante el período medieval. La forma en que éstas fueron expresadas en Trento estuvo determinada y desarrollada con las enseñanzas de Lutero y Calvino en mente, de modo que fueron declaradas en una manera que denunciara la perspectiva doctrinal de los protestantes.

Asimismo los decretos de reforma que surgieron del Concilio de Trento, trataron con asuntos y críticas que habían sido importantes a los reformadores protestantes. En el área de las reformas prácticas, el Concilio insistió en que la disciplina de la Iglesia debía ser más estricta. Se hizo hincapié en la necesidad de una fidelidad mayor por parte de los clérigos, la que se debía reflejar en un cuidado pastoral más constante y dedicado hacia los laicos. Los obispos debían ser responsables por una supervisión más cuidadosa de los clérigos en sus áreas respectivas. Se terminó con la práctica de permitir obispos "ausentes". En el pasado podía nombrarse obispo a alguien que vivía lejos de la zona de sus funciones y con la cual no tuviera mayor contacto siendo obispo. De modo que se decidió que los obispos debían residir en su propia sede (el área geográfica de la cual era responsable como obispo). Además de este requisito de "residencia", se condenó la práctica de tener varias posiciones de la iglesia en forma simultánea (p. ej. obispados múltiples).

El cuidado pastoral debía incluir también la dimensión de la predicación. Se debe recordar que entre los protestantes se ponía énfasis fuertemente en la predicación. El Concilio determinó el énfasis de parte de la ICR de que el contenido de la predicación debía cambiar de cualquier especulación impía que pudiera estar de moda, y basarse sobre el contenido doctrinal de la Iglesia que había decidido el Concilio.

Una de las acciones más importantes del Concilio fue la decisión de establecer seminarios para la preparación de los clérigos en todos los obispados. Surgió, pues, un énfasis sobre un ministerio preparado. Lo central en el curso de estudios que se desarrolló fue la promoción del estudio de las enseñanzas de Tomás de Aquino. Esto además reforzó y ayudó a hacer normativa la metodología del escolasticismo medieval en unir la fe y la razón en la formulación de la teología dentro del sistema católico romano.

Desde un punto de vista práctico, el Concilio de Trento tuvo el efecto de "sujetar las riendas" y establecer en forma más clara y firme las líneas de responsabilidad y mando dentro de la estructura institucional de la Iglesia. El resultado final fue una imagen mejorada y un fortalecimiento global de la ICR. Se establecieron los medios para mejorar el tono moral de la jerarquía y del clero en general. Además, en comparación con lo anterior, se redactó un sistema doctrinal más conciso y claro.

Debemos ahora dirigir nuestra atención a los aspectos específicamente doctrinales que surgieron de Trento. Paul Tillich, hablando acerca de la Contrarreforma, afirmó que "cuando algo es atacado, y luego se lo reafirma, no es exactamente lo mismo".[2] Esta fue ciertamente la situación con respecto a la ICR en la época del Concilio de Trento. El período medieval había visto conceptos teológicos competitivos, articulados por grupos diferentes dentro de la Iglesia, y se habían expresado diferentes enfoques dentro del movimiento complejo del escolasticismo. Pero, debido a la realidad de la Reforma protestante y la amenaza que se percibía de la misma, la ICR fue forzada a actuar —o reaccionar— interpretando sus posiciones doctrinales básicas en contraste con aquellas de los protestantes. El resultado fue que del Concilio surgió una definición rígida de la doctrina de la ICR. Para distinguir sus propias enseñanzas de aquellas de los protestantes, el Concilio produjo declaraciones importantes con referencia a temas doctrinales tales como la autoridad, el pecado y la justificación.

DEFINICION DE AUTORIDAD

En la aplicación del elemento de autoridad y para definirlo con claridad, el Concilio de Trento afirmó que su motivación era preservar la "pureza del evangelio". Esto también sugirió la fuerte influencia de la Reforma protestante y el hecho de que mucho del trabajo del Concilio era una reacción a la misma. Debe recordarse que una de las características principales de la Reforma era la afirmación de que sólo las Escrituras eran la fuente de autoridad para el creyente y para la iglesia. Como se verá, los católicos romanos aceptan dos fuentes de autoridad.

Con el deseo de preservar la pureza del evangelio, el Concilio declaró que este evangelio es la fuente de toda verdad salvífica. Allí donde el protestantismo acordaría y afirmaría que esta verdad está contenida en las Escrituras (la Biblia), el Concilio de Trento diría que

---

[2] Paul Tillich, *A Complete History of Christian Thought* (Nueva York: Harper and Row, 1968), p. 210.

estaba contenida en las Escrituras y en la Tradición no escrita. De ese modo, en el catolicismo hay dos fuentes de autoridad: Las Escrituras y la Tradición.

Cuando los católicos se referían a las Escrituras como una fuente de autoridad, debe notarse que tenían en mente el Antiguo y el Nuevo Testamentos y los Apócrifos. Las tres partes, y juntas, son todas "Escrituras" y, por ello, de igual autoridad. Los protestantes, por supuesto, no consideran que los Apócrifos sean escritura sagrada. La convicción de Lutero era que los Apócrifos eran demasiado legalistas y no poseían las cualidades evidentes de inspiración divina. Para la historia cristiana el resultado es que desde la Reforma han existido dos Biblias: una católica y una protestante.

Aquellos que están familiarizados con la vida y las actividades reformistas de Lutero saben que él hizo una traducción de la Biblia a su idioma natal, el alemán. Reaccionando en parte a la traducción popular de Lutero y temiendo por la proliferación de otras versiones, el Concilio consideró necesario elegir una versión autoritativa. La elegida fue la traducción de San Jerónimo, que databa del siglo IV, conocida como la "Vulgata" (en latín significa "común"). El Concilio de Trento no sólo designó a la Vulgata como la versión católica oficial de las Escrituras, sino que decidió que fuera actualizada. De modo que cuando en Trento se hablaba de una Escritura autoritativa, lo que ellos tenían en mente era más que el Antiguo y el Nuevo Testamentos: Era una traducción específica y oficial.

La Escritura, entonces, es una fuente de autoridad dentro de la ICR, pero no es la única autoridad. La otra autoridad es la "Tradición". De acuerdo con el Concilio, la Escritura y la Tradición son iguales en términos de autoridad. Considere las siguientes palabras, como aparecen en las deliberaciones del Concilio y en los documentos de Trento:

> El Sínodo Santo, Ecuménico y General de Trento... siguiendo el ejemplo de los Padres ortodoxos,... recibe y venera, con igual afecto pío y reverente, todos los libros del Antiguo y del Nuevo Testamentos [los Apócrifos se consideraban una parte del Antiguo Testamento], dado que el único Dios es el autor de ambos, junto con las mencionadas tradiciones... como habiendo sido entregadas de los labios de Cristo o por el dictado del Espíritu Santo, y preservadas por una sucesión inquebrantable en la Iglesia Católica...[3]

Las "mencionadas tradiciones", a las que las declaraciones del Concilio llama "no escritas", se ubican al lado de las Escrituras "escritas". De este modo, la enseñanza de Trento es que las Escrituras tienen a Dios como su autor, y que las tradiciones de la Iglesia han

---

[3] Henry Bettenson, ed., *Documents of the Christian Church,* segunda edición (Nueva York: Oxford University Press, 1963), pp. 261, 262.

sido dictadas por Cristo o el Espíritu Santo. El Concilio, en sus decisiones, en forma deliberada y definitiva reconoció que las tradiciones de la Iglesia habían sido inspiradas por Dios. Además, dichas tradiciones han sido conservadas en la ICR. En las deliberaciones del Concilio hubo cierto debate, aunque no demasiado, sobre el tema de elevar la Tradición al mismo lugar autoritativo que las Escrituras.

El Concilio no amplió para definir cuáles eran exactamente esas tradiciones. Es claro, sin embargo, que la ICR es la guardiana de la Tradición y la intérprete de las Escrituras. Básicamente, esto significa que el magisterio oficial u oficio de enseñanza de la Iglesia que reside en el papado cumple aquel papel de custodia y de interpretación. En un sentido puede decirse que la Tradición es lo que la Iglesia dice que es, y, como veremos en la consideración del Concilio Vaticano I que se realizó en el siglo XIX con su definición de la infalibilidad papal, la Tradición es lo que el Papa declara que es. Aun dentro del contexto inmediato de Trento y ciertamente en términos de la historia y práctica subsecuente de los católicos, lo que se desarrolló a partir del Concilio ayudó a establecer la posición del Papa más allá de críticas dentro de la ICR. A medida que la situación continuó desarrollándose, el Papa solo llegó a tener la última palabra en asuntos de Tradición y/o interpretación de la Biblia.

Es obvio que una perspectiva y conceptos semejantes con respecto a la autoridad es el polo opuesto del enfoque protestante, que pone énfasis en el sacerdocio de los creyentes. El concepto protestante afirmará que dentro de la comunidad de la fe (la iglesia), el individuo tiene el derecho y la responsabilidad de leer e interpretar las Escrituras por sí mismo, bajo el liderazgo del Espíritu Santo. A la luz de las declaraciones del Concilio de Trento el individuo tiene el derecho de leer la versión autoritativa —la Vulgata, o una traducción aprobada hecha a partir de la Vulgata—, pero la interpretación del mensaje de la Biblia ya está determinado por la Iglesia. Por ello, el católico en realidad no tiene una responsabilidad individual por el estudio de la Biblia. Más bien, su responsabilidad es aceptar la interpretación oficial de la ICR.

Retrospectivamente, uno puede ver que la declaración doctrinal decisiva del Concilio de Trento sobre la autoridad fue decidida en contra de la insistencia protestante sobre las Escrituras solas. Aquí está uno de aquellos puntos clave de convicción profunda que separan a los católicos y a los no católicos y que los mantienen separados. Cuando un no católico busca afirmar un punto argumentando que tal y tal práctica no es válida desde una perspectiva bíblica, el católico probablemente estará de acuerdo, pero luego indicará que la práctica recibe su validación por la Tradición de la Iglesia.

LA DOCTRINA DEL PECADO

Como en otras áreas doctrinales, el Concilio de Trento tendió a reaccionar en contra de la posición protestante en el punto de la comprensión de la naturaleza del pecado. El foco particular del Concilio se centró en la cuestión del pecado original. En la Confesión de Augsburgo —escrita por Felipe Melanchthon, pero reflejando el pensamiento de Lutero— el pecado original fue considerado como la herencia de pecado por la que el ser humano experimenta la ausencia del temor de Dios y de la creencia en Dios, pero experimenta la presencia de la concupiscencia. Desde la perspectiva de los reformadores protestantes, la concupiscencia es la inclinación del pecador hacia los actos pecaminosos. Es una característica de la naturaleza humana como resultado de la Caída. Junto con esta característica distintiva, el ser humano ha perdido su libertad para tomar la iniciativa en su relación con Dios. Lo importante en el concepto de Lutero es la idea que el ser humano no puede hacer nada basado en su propio poder para ser justificado delante de Dios. El Concilio de Trento está dirigiéndose a este tema expresando un concepto completamente diferente.

El enfoque católico romano, como se ve reflejado en las enseñanzas que surgen de Trento, es que el ser humano no pierde realmente su libertad, sino más bien que esta libertad es debilitada. Lo que perdió fue "la santidad y rectitud" con la que fue constituido, y de esa forma fue colocado en la posición de incurrir en la ira de Dios, experimentando la realidad de la muerte y enfrentando el dominio de Satanás. Entonces, el resultado de la Caída —el resultado del pecado y de todo aquello que Adán pasó a sus descendientes y a toda la raza humana— fue el deterioro del hombre íntegro en cuerpo y alma.

Los reformadores protestantes vieron esta concupiscencia envuelta con la incredulidad humana y, por lo tanto, la vieron como el mismo pecado. De acuerdo con el Concilio de Trento y, por ello, de la ICR, es el resultado del pecado y de la inclinación hacia el pecado, pero no el pecado mismo. Desde la perspectiva católica, la concupiscencia en la persona regenerada es sólo la "mecha" o material combustible del pecado: Como si fuera una cicatriz, lista para abrirse en actos pecaminosos. La interpretación no católica era que la concupiscencia es un pecado en sí misma, pero esto es diferente para los católicos. Por lo tanto, para Lutero y los reformadores, el ser humano en su estado de incredulidad (pecado) es totalmente corrupto; pero esto no es así desde la perspectiva católica.

La interpretación que dio al pecado el Concilio de Trento, en contraste con la Confesión Luterana de Augsburgo, es que el pecado no es incredulidad que produce la separación del ser humano de Dios. El pecado consiste en hechos en contra de la ley de Dios. Por lo tanto, en la ICR, el significado teológico más amplio de la naturaleza del pecado fue pasado por alto y en este punto se llegó a considerar en términos muy simplificados como actos particulares que pueden ser perdonados. Lo cierto es que en el catolicismo se encuentran dos clases diferentes de pecado: el pecado original y el pecado real. El pecado original se hereda de Adán y, como se ha señalado, los católicos afirman que hace que el ser humano pierda su "santidad y rectitud". Los pecados reales son aquellos actos que son contrarios a la ley de Dios. Asimismo, el Concilio de Trento volvió al énfasis de Tomás de Aquino, afirmando que hay dos tipos de pecados reales: los pecados mortales y los pecados veniales.

La comprensión del tema por parte del catolicismo sería más o menos así: (1) Un pecado mortal es una ofensa grave cometida con suficiente premeditación y con consentimiento completo de la voluntad. Es "mortal" en el sentido de que roba al alma de la gracia, la cual es su vida, y lleva a la muerte espiritual. (2) Un pecado venial es una ofensa liviana, en la cual el acto no es considerado serio o gravemente erróneo. Asimismo, es un acto cometido sin premeditación significativa y sin el pleno consentimiento de la voluntad.

Este enfoque del pecado, por supuesto, se adecua como anillo al dedo al sistema sacramental del catolicismo. Si uno acepta ese sistema como un hecho dado y con validez inherente, el resultado lógico es llegar a un concepto externo del pecado. El pecado original es tratado por medio del acto sacramental y regenerador del bautismo. Otros pecados, por medio del sacramento de la penitencia, pueden ser confesados y perdonados; el castigo requerido para los mismos puede ser satisfecho por medio de un acto de penitencia. Un acto de penitencia es comúnmente algo que se considera adecuado a la seriedad del pecado con el cual se trata, y el acto específico es asignado por el sacerdote que escucha la confesión. Cuando la persona ha realizado el acto asignado, se considera que el castigo temporal para el mismo ha sido satisfecho. Se considera que la persona está más o menos limpia una vez más. Las indulgencias, contra las cuáles reaccionó Martín Lutero con mucha vehemencia, son por definición una acción de la Iglesia en beneficio del pecador individual, por la cual no se requiere que sea satisfecho el castigo temporal por los pecados, sino que más bien se considera que ha sido satisfecho por la sobreabundancia de los méritos acumulados por Cristo y por los santos. En otras palabras, uno podía conseguir una indulgencia —comúnmente pagando por ella— que le liberaba de los requisitos de tener que hacer un acto de penitencia. En el umbral de la Reforma, la venta grande de indulgencias basaba mucha de su apelación en las inseguridades emocionales de la gente en cuanto a los seres amados que habían muerto. Se creía que éstos estaban aún en el purgatorio debido a que no se habían satisfecho los castigos temporales relacionados con los pecados mientras estaban vivos sobre la tierra. Un lema popular de la época de uno de los vendedores de indulgencias decía: "Tan pronto como la moneda suena en el cofre, el alma salta del purgatorio." Contra el trasfondo de este tipo de concepto en cuanto al pecado, las indulgencias alcanzaron para el católico una racionalidad que está fuera de la comprensión para el no católico promedio.

Repetimos, para el no católico el pecado es mucho más que actos particulares que pueden ser perdonados. El pecado, que resulta en separación de Dios, requiere una conversión total en la que a la incredulidad se le opone una fe radical. El asunto básico para Lutero no era simplemente el perdón, sino la reunión con Dios. Es en este punto, como se verá en la consideración de la doctrina de la justificación, que uno es capaz de comprender algo de lo que Lutero y los reformadores vieron como el principio legalista que dominaba a la ICR.

Es interesante que unos pocos obispos del Concilio querían plantear el asunto de si la virgen María había sido libre del pecado original. Sin embargo, el Concilio como un todo rehusó considerar ese tema. Por lo tanto, la cuestión quedó como un tema abierto. Simplemente declararon para el registro oficial que sus afirmaciones en cuanto al pecado y, específicamente, en relación con el pecado original no se aplicaban a la "bendita virgen María".

LA DOCTRINA DE LA JUSTIFICACION

Como ya se ha señalado, aunque el emperador había estado interesado en la reunión de un concilio reformador, por razones obvias no deseaba que considerara ciertos temas doctrinales. La justificación era una de esas doctrinas. El sabía que, dado el fuerte énfasis de los reformadores protestantes sobre la interpretación particular de esa doctrina, si un concilio trataba el asunto y definía claramente su oposición a la posición protestante, ello haría imposible que jamás se reunieran las fuerzas católicas y protestantes. Sin embargo, el Concilio de Trento insistió en considerar el asunto.

El cardenal Cervini (posteriormente el papa Marcelo II) estaba comprometido seriamente en reformar aquello que fortalecería los intereses del papado. En un momento en que Cervini presidía el Concilio, le recordó a los delegados que el tema de la justificación nunca había sido considerado en varios aspectos por otros concilios.

Agregó que la interpretación de Lutero de esta doctrina era la fuente de la mayoría de los errores de los protestantes en otros asuntos como los sacramentos, las indulgencias y el purgatorio. De modo que el Concilio de Trento se dedicó a definir la posición católica romana. Se requirieron muchas sesiones y varios borradores antes de llegar a una decisión final. El Concilio se dedicó a tres preguntas principales: (1) ¿Cómo se alcanza la justificación? (2) ¿Cómo se mantiene la justificación? (3) ¿Cómo se recupera la justificación después de haberla perdido?

De acuerdo con la interpretación de la doctrina por Lutero, el énfasis estaba en la justificación por la fe *sola*. Por supuesto, esta fórmula se convirtió en uno de los temas resonantes de la Reforma protestante. De este modo, en su sistema la fe es la clave y, ciertamente, lo único esencial. Se requiere la fe *sola*, no las buenas obras ni ninguna otra cosa. Por medio de la fe la persona acepta aquello que Dios en Cristo ha hecho por ella, reconociendo que nadie puede hacer nada para obrar su propia justificación. Dios responde a las personas de fe no imputándoles sus pecados, sino más bien la justicia de Dios. Con este énfasis sobre la justificación por la fe *sola* confrontamos el asunto central del conflicto entre los reformadores protestantes y la ICR. Dentro del catolicismo, hay más involucramiento y se demanda más de los fieles que la fe sola, y el Concilio de Trento buscó definir la diferencia.

Algunos no católicos tienden a reaccionar a los reclamos de la ICR con respecto a la doctrina de la justificación, creyendo que el Concilio entendió mal, o interpretó mal, a Lutero en varios puntos en cuanto a esta doctrina. Ciertamente, la posición de Paul Tillich fue que este concepto de la fe sola fue muy mal entendido. El Concilio de Trento igualó el concepto de la fe de Lutero con "un acto intelectual del ser humano... [que] fuerza a Dios a otorgar su perdón". Tillich, por otro lado, interpretó las implicaciones de la fe sola de Lutero como significando "que en el momento en que nuestros pecados son perdonados, [uno] no puede hacer nada más que recibir este perdón".[4]

El Concilio definió la justificación declarando "que es una traducción de aquel estado en el cual el hombre nace como hijo del primer Adán al estado de gracia". De acuerdo con el Concilio, la justificación no es meramente la remisión del pecado, sino que envuelve la santificación y la transformación del alma. La justificación comienza con la "gracia preventiva" de Dios. Por medio de ella, una gracia que aviva y ayuda, los adultos son llevados al punto donde "pueden estar inclinados a convertirse a su propia justificación por medio de asentir,

---

[4] Tillich, *op. cit.*, p. 214.

libre y cooperativamente, a la misma gracia".[5]

Hay entonces —nuevamente con relación a un adulto—, también una etapa de preparación previa al bautismo, previa a la infusión de gracia o la justificación. Esta preparación requiere fe o creencia, interpretada como un acto intelectual. Sin embargo, desde la perspectiva católica afirmada en Trento, la fe sola *no* es suficiente para alcanzar la justificación en la vida del individuo. El amor de Dios debe estar también presente; un amor que se expresará en obras tanto como en arrepentimiento. El acuerdo del individuo debe entrar también en juego: La resolución de comenzar una nueva vida basada en la obediencia a las leyes de Dios.

Después de la preparación llega la remisión de los pecados, pero no solamente eso. También llega la santificación y la renovación del ser interno. Para el católico, la fe no está sola, sino que es sólo el fundamento o punto de partida para la justificación. En la justificación, la persona es imbuida con los dones de la esperanza y del amor. El Concilio declaró que uno no sólo debe creer sino que también debe esperar y amar. El énfasis que hace el catolicismo en este punto es que a menos que a la fe se le agreguen los dones de la esperanza y el amor, la fe sola no puede nunca unir a una persona con Cristo ni convertirla en un miembro viviente del cuerpo de Cristo. De modo que el Concilio hizo hincapié fuertemente en Santiago 2:14-26 y en la afirmación de que la fe sin obras es muerta e inútil.

En cuanto a conservar la justificación que se ha alcanzado, el Concilio hizo claro que esto se logra por la obediencia a los mandamientos y por la realización de buenas obras. Por lo tanto, hay un sentido en el cual el ser humano que verdaderamente ha llegado a ser justo en la justificación es capaz de aumentar su justicia, o se puede decir que la justificación de uno tiene la capacidad de crecer. De acuerdo con el Concilio, uno puede llegar a ser "más justificado".

De acuerdo con la creencia católica romana, esta gracia de la justificación se puede perder al cometer un pecado mortal. Pero una persona puede ser justificada de nuevo o puede recuperar la justificación por medio del sacramento de la penitencia, que envuelve mucho más que la fe sola. En el próximo capítulo hemos de enfocar el sistema sacramental que surgió claramente definido de Trento. Será obvio que las doctrinas fueron formuladas y conformadas para adecuarse con aquel sistema.

De acuerdo con este mismo desarrollo, un aspecto bastante intere-

---

[5] Citado en Adolph Harnack, *History of Dogma*, vol. 7, trad. por Neil Buchanan de la tercera edición en alemán (Nueva York: Dover Publications, 1961), p. 62.

sante e importante en las decisiones del Concilio de Trento, en oposición a los enfoques de los reformadores protestantes, fue el énfasis
puesto sobre la falta de certidumbre que puede tener el individuo en
cuanto a su salvación. El Concilio declaró que sin alguna clase de revelación especial es imposible que en esta vida uno sepa con certeza
que es salvo. Se agrega, además, que si alguien se jacta de la certeza
del perdón de sus pecados, eso mismo es una evidencia de que aquellos pecados no le han sido perdonados. No se debe dudar de la eficacia de Cristo y de los sacramentos, pero cada persona debe tener un
sano grado de temor en cuanto a su propia situación personal. Este
elemento de temor, entonces, llega a ser un factor motivador poderoso
en la aceptación de y en la participación en el sistema sacramental en
la ICR.

Para concluir este punto particular debe recordarse, como se señaló
en el capítulo 2 acerca de los conceptos singulares al sistema católico,
que aquello que la Iglesia afirma como enseñanza oficial debe ser
aceptado por todos los católicos fieles. La insistencia de los reformadores protestantes y no católicos sobre la justificación por la fe sola,
estableció las líneas para la batalla que ocurrió entre los líderes católicos dentro del Concilio de Trento para definir la doctrina de la justificación. Por ello, una vez definida, estaba ahora ubicada lejos del
campo de discusión o reflexión teológicas. Una perspectiva definida
había sido fijada firmemente como doctrina sagrada; la aceptación de
ella por los católicos fieles es absolutamente esencial.

CONCLUSION

Los temas con los que se trató en los decretos del Concilio de Trento
reflejan que los intereses doctrinales fueron dominantes sobre los
asuntos más prácticos. De ese modo, se negaron las presiones políticas que actuaron para que el Concilio evitara una rigidez doctrinal en
oposición al protestantismo. El Concilio fue doctrinalmente reaccionario y, por ello, amplió la diferencia teológica entre los católicos y
los no católicos. El Concilio no sólo formuló la posición de la ICR en
áreas clave de conflicto con los protestantes, sino que también desarrolló una apologética clara para su propio sistema sacramental. En el
próximo capítulo se dirigirá la atención hacia una comprensión de ese
sistema.

5

EL CONCILIO DE TRENTO Y EL CORAZON DE LA PRACTICA CATOLICA

INTRODUCCION

La mayoría de los católicos no leen los decretos de los Concilios ni aun las enciclopedias papales contemporáneas. Muchos católicos, como sería también verdad de sus contrapartes no católicos, tendrían dificultad en verbalizar sus creencias en conceptos doctrinales claros y entendibles. Sin embargo, los católicos practicantes, aunque no sean capaces de definirlo, creen intensamente en el sistema sacramental de su Iglesia. Es el centro de su vida religiosa; significa algo para ellos. Ciertamente, muchas veces se ha llamado a ese sistema el corazón mismo del catolicismo romano.

Los no católicos tienden a mirar con sospecha los sacramentos como son entendidos y practicados por sus amigos y vecinos católicos. Para los que están fuera del catolicismo, mucho de lo que sucede en relación con los sacramentos parece oler a superstición y magia. Los católicos fieles, sin embargo, los consideran dentro del contexto del misterio divino. El misterio, en un sentido teológico, sugiere una verdad espiritual profunda que está más allá del conocimiento simple por medio de la mente.

Debe recordarse que la ICR fue amenazada en este mismo punto cuando Martín Lutero y otros reformadores, al dar énfasis a la salvación por la fe sola, pusieron en tela de duda todo el sistema sacramental del catolicismo. Para los católicos los sacramentos juegan una parte en el proceso de la salvación de la persona. Los sacramentos, en y de sí mismos, tienen poder salvador. Lutero había reducido los sacramentos de siete a dos (el bautismo y la Eucaristía). Para él, aunque éstos tenían poder, no debían ser entendidos como una clase de poder salvador esencial para la salvación, sino más bien un poder fortalecedor que se hacía disponible para el creyente.

Los siete sacramentos de la ICR habían sido practicados por muchos siglos; no se originaron el siglo XVI. Habían estado por mucho tiempo en la escena, pero al enfrentar los ataques de los protestantes sobre toda la tradición y la práctica, el Concilio de Trento se sintió obligado de una vez por todas a definir formalmente su sistema sacramental. Este capítulo considera estas definiciones doctrinales de los sacramentos individuales así como fueron establecidas por el Concilio.

COMPRENSION DE LA NATURALEZA DE LOS SACRAMENTOS

Los católicos romanos y otros que ponen énfasis en la teología sacramental hacen hincapié en que la palabra misma se deriva obviamente del latín *sacramentum*. Asimismo, *sacramentum* es una de las traducciones latinas de la palabra griega para "misterio". De ese modo, un sacramento está fuertemente fundado en el misterio; no puede ser completamente entendido por el intelecto humano. Sin embargo, se han hecho algunos intentos de definición. Por ejemplo, el *Libro de Oración Común* de la Iglesia Anglicana sigue las notas de Agustín, diciendo que un sacramento es "una señal externa y visible de una gracia espiritual interna que nos ha sido conferida, ordenada por Cristo mismo, como un medio por el cual recibimos la gracia y una promesa que nos asegura de ella".[1] Los sacramentos, por lo tanto, transmiten gracia y los católicos ciertamente reflejarían la misma comprensión del asunto.

De acuerdo con la teología católica hay ciertos criterios que debe satisfacer un acto o una práctica para ser un sacramento legítimo. Entre ellos están:

(1) Debe existir evidencia de que el sacramento fue iniciado e instituido por Cristo mismo;

(2) es esencial que la materia —algo material— esté presente en el sacramento (por ejemplo, en el bautismo la materia es el agua);

(3) con cada sacramento debe haber presente una forma (acompañando las palabras y la acción);

(4) el sacramento debe ser administrado por uno que esté autorizado para hacerlo en nombre de la Iglesia y con la intención adecuada (comúnmente es el sacerdote);

(5) el que recibe el sacramento, debe estar correctamente dispuesto a recibirlo.

Antes del período de la Reforma había sido común hablar de la eficacia de los sacramentos utilizando la frase *ex opere operato non pontibus obicem*. Esta expresión, traducida usualmente "por su misma

---

[1] *The Oxford Dictionary of the Christian Church*, segunda edición, "Sacrament", p. 1218.

operación para aquellos que no resisten", fue incorporada oficialmente en los decretos del Concilio de Trento. Una interpretación común es que uno está correctamente dispuesto si el recipiente no pone un impedimento en el camino. Entonces, no importa cuál pueda ser el estado subjetivo de uno (no importa cuán "espiritual" o de otra clase), los sacramentos alcanzan su propósito (eficacia) simplemente por ser realizados; es decir, *ex opere operato*. El énfasis, entonces, está en la realización del sacramento más bien que en la recepción del mismo. Su mera realización es el punto crucial. Todo lo esencial de parte del recipiente es la no resistencia. Es obvio que la frase y su interpretación hablan al punto (5) arriba, en la lista de criterios para los sacramentos.

Las críticas a la posición católica en este punto comúnmente se han expresado llamando la atención al hecho de que su interpretación no brinda un énfasis adecuado al papel de la propia fe individual en la recepción de los beneficios de los sacramentos. El enfoque protestante afirmaría que no puede haber un encuentro con la gracia de Dios fuera del campo de la propia fe del individuo. Así, para los reformadores protestantes del siglo XVI, en el bautismo y la cena del Señor (los sacramentos que ellos aceptaban) había más involucrado del lado del recipiente que simplemente no resistencia. Ciertamente, la posición católica declararía que *ex opere operato*, como fue afirmada por el Concilio de Trento, era un intento de contrarrestar la posición de Lutero y de los otros reformadores protestantes, que decían que los sacramentos son efectivos sólo cuando son recibidos por medio de la fe.

Los teólogos católicos se dan cuenta de que la frase *ex opere operato* produce dificultades en algunos, y que "a veces ha sido mal interpretada en una manera tal como para hacer aparecer a los sacramentos como máquinas espirituales para la obtención de la gracia, más bien que como encuentros con la acción salvadora de Cristo".[2] El tema del recipiente correctamente dispuesto y no impidiendo la eficacia de los sacramentos a veces se trata con declaraciones interpretativas como esta: "Cualquier gracia que recibimos sacramentalmente es un don de Cristo, pero como en todo don, debe ser recibido de buena gana; cuando el ser humano no responde a la acción de Cristo, no hay resultado."[3] Aunque puede parecer que hay una falta de claridad y consistencia en estas expresiones (y los teólogos católicos han escrito en forma abundante sobre este tema), se reconoce generalmente como el resultado de ser una parte del misterio más grande que rodea al sistema sacramental.

El catolicismo romano afirma, y el Concilio de Trento definió, siete

---

[2] *New Catholic Encyclopedia,* "Sacraments, Theology of", vol. 12, p. 810.
[3] *Ibíd.*

sacramentos: bautismo, confirmación, Eucaristía, penitencia, ungimiento del enfermo, matrimonio y órdenes sagradas. Serán considerados uno por uno.

EL SACRAMENTO DEL BAUTISMO

A menudo se ha dicho que el sistema sacramental del catolicismo romano cubre la vida de una persona desde la cuna hasta la tumba. Comienza con el bautismo del infante y concluye con el ungimiento del enfermo o extremaunción. Obviamente, el bautismo llena todos los criterios de los católicos para un sacramento.

El pasaje clásico para declarar que el sacramento fue instituido por Jesús mismo es la Gran Comisión (Mat. 28:18-20). Allí, el mandato incluye la indicación de bautizarles "en el nombre del Padre, del Hijo y del Espíritu Santo".

Desde la perspectiva católica romana, el bautismo infantil es adecuado porque el bautismo, en tanto que limpia efectivamente a la persona del pecado, tiene que ver con el asunto del pecado original; es decir, el pecado que tienen todos aquellos que entran a este mundo. En la doctrina católica el bautismo simboliza y transmite la gracia de Dios al recipiente, eliminando la contaminación del pecado original. Es obvio, entonces, que el bautismo dentro del sistema católico romano es esencial para la salvación.

Además de quitar la contaminación del pecado original, el bautismo es uno de los sacramentos en el sistema católico —los otros son la confirmación y las órdenes sagradas— que confiere sobre el recipiente un "carácter indeleble". Esto sugiere dos cosas: La primera es que el bautismo no debe ser repetido; y, segundo, se entiende que el carácter indeleble es un sello o marca permanente que se pone en el alma y que produce un poder espiritual y sobrenatural dentro del individuo.

Además, dentro del alcance más amplio de su eclesiología (doctrina de la iglesia) el sacramento del bautismo hace que una persona sea miembro de la ICR. Esta identificación con la Iglesia permite que el individuo reciba los otros sacramentos.

Ocasionalmente, uno oirá entre los católicos romanos o leerá en su literatura que el bautismo es posible por "agua, sangre o deseo". Lo que tienen en la mente en cuanto al bautismo en agua es evidente. Pero es bastante interesante que el bautismo por sangre por el martirio puede servir como un substituto para el bautismo por agua. El martirio, por supuesto, tiene que ver con la muerte en sufrimiento por la causa de Cristo. Para llenar este requisito, se necesitan dos condiciones: Primera, la acción persecutoria debe tener como su intención la persecución del cristianismo; y, segunda, la persona debe ser muerta permitiendo ser matada. No puede ocurrir simplemente como el resultado de un accidente, sino más bien se aplica sólo a la persona que es conducida voluntariamente a morir por la fe. Por ello, el catolicismo romano iguala la muerte de mártir con el bautismo a veces citando un versículo como Mateo 10:39, que dice: "... y el que pierde su vida por mi causa la hallará".

Los católicos hablan también del bautismo "por deseo". La presuposición en cuanto a este concepto es que algunos tienen el deseo de ser bautizados, pero por cualquier razón no pueden recibir el sacramento. Asume, además, que en el trasfondo de un deseo como ese se ha de encontrar un amor hacia Dios, porque el amor produce un deseo sincero de conformarse a la voluntad de Dios en cada asunto. Obviamente, la posición católica es que la voluntad de Dios es que cada persona reciba el sacramento del bautismo. Nuevamente, citando evidencia bíblica en apoyo de este concepto, la ICR citará 1 Juan 4:7, y la afirmación que "el amor es de Dios. Y todo aquel que ama ha nacido de Dios..." Por ello, la persona que sinceramente ama a Dios tendrá el deseo de recibir el sacramento del bautismo cuando sea posible. Debe recordarse que en la doctrina católica romana el bautismo es esencial para la salvación. De este modo, parte de la muerte como mártir, el sacramento del bautismo —sea en realidad (por agua) o por deseo— es necesario para la salvación.

Como ya se ha indicado, los criterios para los sacramentos requieren tanto materia como forma, y estos dos elementos son claramente evidentes en el sacramento del bautismo. La materia obviamente es el agua. La forma se debe encontrar en las palabras del sacerdote: "Yo te bautizo en el nombre del Padre, y del Hijo y del Espíritu Santo." Debe recordarse que tanto la forma correcta como la materia correcta son esenciales para que el sacramento del bautismo sea válido.

EL SACRAMENTO DE LA EUCARISTIA

Así como es cierto para los otros sacramentos, el Concilio de Trento no introdujo ningún elemento nuevo que sea destacado en la doctrina de la Eucaristía. Lo que hizo el Concilio fue reafirmar en una forma definitiva lo que ya se había desarrollado en relación con la interpretación de la cena del Señor durante el período medieval. Al mismo tiempo, uno debe advertir que no hay otra declaración del Concilio que tan vívidamente indique las diferencias teológicas que se habían desarrollado entre los reformadores protestantes y el catolicismo romano. Hasta hoy, la Eucaristía y la celebración de la Misa constituyen el corazón de la fe para el católico romano.

Desde la perspectiva católica que se reflejó en las enseñanzas del Concilio de Trento, la Eucaristía es tanto un sacramento como un sacrificio. La celebración de la Eucaristía es un sacramento porque satisface los criterios requeridos por definición para ser clasificado como tal. Se puede ver que fue instituida por Cristo mismo en ocasión de la última cena, de la que hay una evidencia amplia en los Evangelios. Asimismo, hay la señal externa visible que se encuentra en el pan y el vino. Los católicos definidamente creen que la participación en la Eucaristía transmite gracia al creyente. El efecto sacramental especial puede describirse en términos de la Eucaristía supliendo el nutrimiento espiritual para el alma, en la misma manera en que la comida nutre el cuerpo físico. Por ello, lo más frecuentemente que alguien pueda participar en la celebración de la Eucaristía, mejor para él, y, de esa forma, la Eucaristía, a diferencia de los otros sacramentos en el sistema católico, es un sacramento repetible.

Para muchas denominaciones no católicas que se adhieren igualmente a la interpretación sacramental de la cena del Señor habría poco desacuerdo en cuanto al efecto sacramental transmitido por la interpretación católica mencionada arriba. Sin embargo, lo que produce dificultades para la mayoría de los no católicos es la interpretación de la Eucaristía como un sacrificio. A veces los no católicos se referirán a la Misa como "el sacrificio eucarístico". En relación con el énfasis sobre el sacrificio, el Concilio de Trento se centró sobre varios puntos: (1) La Eucaristía es un verdadero sacrificio en el sentido que es el sacrificio del cuerpo y de la sangre del Señor bajo las apariencias del pan y del vino; (2) este sacrificio es el mismo que el sacrificio de la cruz en el sentido que Cristo es sacerdote y víctima en ambos; la única diferencia es que en la cruz el sacrificio fue sangriento y en la Misa es incruento; (3) el sacrificio eucarístico es de naturaleza propiciatoria y por ello expía los pecados, incluyendo los pecados de los vivientes y de los muertos en Cristo por los cuales se ofrece el sacrificio; (4) la Eucaristía, como sacrificio, fue instituida por Cristo en ocasión de la última cena; el Concilio declaró que Cristo, como sumo sacerdote según el orden de Melquisedec, ofreció a Dios su propio cuerpo y sangre bajo las apariencias del pan y del vino; además, declaró a sus apóstoles como sacerdotes del "nuevo pacto" para renovar esta misma ofrenda hasta que él regresara.

La palabra más identificada con la doctrina católica de la Eucaristía es "transubstanciación". El Concilio de Trento definió esta palabra como "la conversión de toda la substancia del vino en la sangre, manteniéndose las especies del pan y del vino". El Concilio afirmó, además, que el cuerpo y la sangre de Cristo están "verdadera, real y substancialmente presentes". La doctrina católica habla de esto como la "presencia real" de Cristo en la Cena. En otras palabras, llega a un punto en el ritual de la celebración de la Misa cuando, por medio de las palabras de consagración pronunciadas por el sacerdote, el pan y el vino se convierten literalmente en el cuerpo y la sangre de Cristo. El pan y el vino llegan a ser *substancialmente* otra cosa (cuerpo y sangre), pero las apariencias del pan y del vino permanecen sin cambios. De esa forma, después que la substancia del pan y del vino han cambiado para ser el cuerpo y la sangre de Cristo, allí permanecen solamente las apariencias del pan y del vino.

Solamente un sacerdote, en virtud de su posición en la línea apostólica, puede decir la fórmula de consagración, realizando así el cambio del pan y del vino en el cuerpo y la sangre de Cristo. Obviamente, la materia de este sacramento es el pan y el vino; la forma se encuentra en las palabras de consagración pronunciadas por el sacerdote.

EL SACRAMENTO DE LA CONFIRMACION

Hay algunos teólogos católicos romanos que se refieren a la confirmación como "el sacramento olvidado". Muchas veces la confirmación ocurre en conexión con la celebración de la primera comunión de un niño católico. La tendencia histórica ha sido poner mucha más atención —y por ello mayor importancia— sobre la primera comunión más bien que sobre la confirmación. A pesar de ello, el sacramento de la confirmación es doctrinalmente importante y el Concilio de Trento afirmó que "no debe ser omitido por nadie".

El sacramento de la confirmación es para personas bautizadas. Por medio de este sacramento el individuo bautizado recibe el Espíritu Santo en una manera especial. Como resultado, el individuo es capaz de profesar confiadamente su fe en Cristo. El significado raíz para confirmación es "un fortalecimiento". La confirmación imparte una gracia aumentada al católico y, como el bautismo, confiere sobre el recipiente un carácter indeleble. La confirmación no debe ser repetida, porque ya en la experiencia de una sola vez pone su sello o marca indeleble sobre el alma y continúa produciendo poder espiritual y sobrenatural dentro del individuo, de manera que éste pueda funcionar efectivamente como un siervo de Cristo. Frecuentemente, en teoría, se considera que la confirmación es una profesión de fe de un adulto, una señal de madurez espiritual.

La mayoría de las veces, el administrador de este sacramento es un obispo. Mientras coloca su mano sobre la cabeza del individuo, el obispo unge la frente con crisma (una mezcla de aceite de oliva y bálsamo), hace la señal de la cruz y dice: "Yo te señalo con la señal de la cruz, y te confirmo con la crisma de la salvación, en el nombre del Padre, del Hijo y del Espíritu Santo." De esa manera, la forma es la declaración verbal. La material generalmente se considera el ungimiento y la imposición de la mano del obispo en el momento en que hace la señal de la cruz sobre la frente de la persona.

Aquellos no católicos que intentan entender el sacramento de la confirmación contra el trasfondo de la definición católica romana de aquello que constituye un sacramento, se preguntan: ¿Dónde hay pruebas en las Escrituras de que Cristo instituyó la confirmación? La ICR responderá que se refiere a la promesa de Cristo a sus discípulos de que ellos recibirían el Espíritu Santo. Dado que se interpreta la confirmación como el sacramento de la recepción del Espíritu Santo, no llegó a practicarse hasta después de Pentecostés. Por ello, desde una perspectiva católica romana, la base escritural se encuentra en el libro de Los Hechos (p. ej. 8:17; 19:1-7), en el que hay referencias a la imposición de manos sobre personas bautizadas como un medio por el cual se confirió el Espíritu Santo. Por lo tanto, la promesa de Cristo junto con la práctica apostólica llena los requisitos en la mente del católico romano.

EL SACRAMENTO DE LA PENITENCIA

Martín Lutero y los otros reformadores protestantes objetaron fuertemente el sacramento de la penitencia. Hay muchos intérpretes que dirían que esto estaba entre los puntos más cruciales donde el desacuerdo era más vehemente. Las 95 tesis de Lutero centraban su ataque sobre lo que se creía eran los aspectos más dañinos de las prácticas que se habían desarrollado a partir de este sacramento. Lutero y otros reformadores creían que este sacramento se aprovechaba del temor de las personas al castigo eterno.

En el día de hoy las referencias al sacramento son simplemente a la "confesión". Dentro del catolicismo, la penitencia es el sacramento por el que se cree que se recibe el perdón de los pecados cometidos después del bautismo. Este perdón llega a la persona desde Dios por medio de un sacerdote al que se le confiere ese poder. Además, para completar el sacramento, generalmente es necesario realizar *actos* de penitencia. Esos actos incluyen orar una cantidad determinada de veces, dar dinero, hacer un peregrinaje, etc. Por supuesto, esta sería una área de obvio conflicto doctrinal desde la perspectiva de la Reforma con su énfasis en la "fe sola".

Los católicos consideran que hay una conexión teológica entre la penitencia y la Eucaristía. Dado que los católicos están bajo la obligación de recibir la Eucaristía por lo menos una vez al año, y como aquel que ha cometido un pecado mortal no es elegible para participar en la Eucaristía, se entiende que la penitencia es requerida por lo menos una vez al año. En cuanto a la práctica real, el católico romano devoto cree necesario hacer penitencia más frecuentemente, y confesar tanto los pecados veniales como los mortales.

El Concilio de Trento dijo que el sacramento de la penitencia comprendía la contrición, la convicción y la satisfacción. Algunos analistas sugieren que el énfasis del Concilio sobre la contrición, y su subsecuente interpretación, fue muy influida por el protestantismo. La introducción de la importancia del elemento de contrición fue realmente afirmar el concepto luterano, en el sentido de que es importante la dimensión de la actitud desde el lado humano. El Concilio habló de ello como del "buen motivo" del recipiente y lo interpretó como dolor por el pecado y la intención de no pecar más.

Después de la contrición viene la confesión. En la confesión la persona debe tratar específicamente con todos los pecados mortales que ha cometido. Debe mencionar las circunstancias específicas para que el sacerdote que escucha la confesión pueda tener un entendimiento correcto de los pecados y, de esa forma, pueda ser capaz de determinar el castigo apropiado. Así el sacerdote no sólo declara el perdón, sino que también realiza una función judicial al pronunciar una sentencia.

La sentencia o castigos se relacionan con el tercer factor del sacramento, el de la satisfacción. Por supuesto, ésta era el área más ofensiva para Lutero y los otros reformadores. El propósito de los castigos u obras de satisfacción incluyen que el individuo sea más cuidadoso en el futuro, haciendo que él o ella se identifiquen en esos actos con el sufrimiento de Cristo y realicen un efecto de expiación por los pecados cometidos. El Concilio también hizo claro que el propósito de tales actos de penitencia o satisfacción era servir como castigo por los pecados. Para un católico el resultado del sacramento es que recibe la gracia santificadora y el perdón del pecado. Asimismo se puede quitar la posibilidad de castigo eterno, ya que una parte del castigo sería cumplida en este mundo.

Los católicos romanos señalan pasajes escriturales como Juan 20:21-23 para justificar la afirmación de que Jesús mismo instituyó el sacramento. Especialmente se citan sus palabras: "A los que remitáis los pecados, les han sido remitidos; y a quienes se los retengáis, les han sido retenidos" (Juan 20:23). La forma del sacramento son las palabras de absolución pronunciadas por el sacerdote: "Yo te absuelvo de tus pecados en el nombre del Padre, y del Hijo y del Espíritu Santo." La materia del sacramento consiste en el pecado o los pecados declarados en la confesión. La ICR habla de ésta como materia "remota". La Iglesia también habla de la materia "próxima" como la contrición, confesión y satisfacción.

EL SACRAMENTO DE LA EXTREMAUNCION

La palabra "extremaunción" tiene el significado literal de "ungimiento final". El Concilio de Trento consideró que el sacramento del "ungimiento sagrado" había sido instituido por Cristo, citando como evidencia bíblica Marcos 6:13, que dice que los doce enviados por Jesús "echaban fuera muchos demonios, y ungían con aceite a muchos enfermos, y los sanaban". Aunque la interpretación de este versículo está ciertamente abierta a discusión, el Concilio dijo que Cristo había "insinuado" el sacramento, y que la descripción más definida debía encontrarse en la recomendación del apóstol Santiago:

> ¿Está enfermo alguno de vosotros? Que llame a los ancianos de la iglesia y que oren por él, ungiéndole con aceite en el nombre del Señor. Y la oración de fe dará salud al enfermo, y el Señor lo levantará. Y si ha cometido pecados, le serán perdonados (Stg. 5:14, 15).

El Concilio de Trento indicó que en las palabras de Santiago la Iglesia había discernido de la tradición apostólica lo que es la materia, la forma, el ministro adecuado y el efecto de este sacramento.

La extremaunción es un sacramento para personas que se cree están en peligro de muerte por enfermedad, accidente o vejez. Consiste en ungir los ojos, oídos, boca, manos y pies (los órganos sensoriales) del individuo con aceite de oliva que ha sido consagrado especialmente para ese propósito. El aceite consagrado constituye la materia del sacramento. La forma es la oración recitada por el sacerdote mientras unge al individuo: "A través de esta santa unción y de la más tierna misericordia de Dios, pueda el Señor perdonarte cualquier falta que has cometido por medio de la vista, el oído, el gusto, el tacto y el andar." El sacramento puede ser abreviado cuando se cree que la muerte está cerca y no hay tiempo suficiente para cumplir con todos los un-gimientos. En esas ocasiones, se considera adecuado solamente ungir la frente, con una oración abreviada: "Por esta santa unción, pueda el Señor perdonarte cualquier falta que hubieras cometido."

Según los católicos romanos, el sacramento de la extremaunción quita el pecado mortal y fortalece el alma para soportar la enfermedad con más paciencia, y también para resistir las tentaciones del diablo. En aquellas ocasiones cuando la persona se recupera de la enfermedad, se interpreta la sanidad como conducente al propósito de la realización de la salvación final del individuo.

EL SACRAMENTO DE LAS ORDENES SAGRADAS

Las órdenes sagradas o la ordenación es el sacramento dentro del sistema católico que otorga un oficio espiritual. En otras palabras, es el sacramento por medio del cual los hombres pueden recibir la autoridad y la gracia para realizar las responsabilidades sagradas del sacerdocio dentro de la ICR. El Concilio de Trento, contra el trasfondo de la Reforma protestante, consideró este sacramento particular en una luz muy importante. Para los tradicionalistas católicos romanos el énfasis de Lutero sobre el sacerdocio universal de los creyentes borraba la distinción entre los clérigos y los laicos. El Concilio buscó reforzar aquella distinción.

En el sentido teológico la doctrina de las órdenes sagradas está ubicada en el contexto de la última Cena y en la interpretación de la Eucaristía como un sacrificio. La última Cena fue instituida por Cristo y luego confiada a los apóstoles con el poder de ofrecer y administrar el cuerpo y la sangre de Cristo para remitir y retener los pecados. La ICR cree que la última Cena fue instituida como un acto permanente de adoración en el cual Cristo mandó a sus apóstoles que hicieran lo que él mismo había hecho; esto es, que ofrecieran el mismo sacrificio como los representantes y participantes de su sacerdocio eterno. En este sentido el sacerdote local, como el Papa quien es reconocido como el vicario de Cristo, es considerado como el representante de Cristo mismo en el mundo y aquel que continúa sus ministerios y misterios. Sólo un obispo puede conferir las órdenes sagradas u ordenación.

En la misma forma en que el bautismo y la confirmación sellan al individuo con un carácter indeleble, así sucede con la ordenación. Es una experiencia de una sola vez, irrepetible. El sacerdote que ha recibido esta gracia y poder especiales por medio de la ordenación está habilitado para administrar o conferir la mayoría de los sacramentos. En otras palabras, el sacerdote —el ordenado— ejerce el poder sacramental. Paul Tillich señaló: "Esta iglesia del sacrificio sacramental es la iglesia jerárquica, y la iglesia jerárquica es la iglesia del sacrificio sacramental. Esto es catolicismo en el sentido romano."[4]

Ya se ha indicado que los católicos romanos afirman que este sacramento fue instituido por Cristo en ocasión de la última Cena. La materia o señal externa es la imposición de manos por el obispo. La forma es la oración que se utiliza para esa ocasión.

---

[4] Tillich, *op. cit.*, p. 218.

EL SACRAMENTO DEL MATRIMONIO

Dentro de la ICR, el matrimonio entre dos personas "calificadas" se considera un sacramento. Básicamente esta fue la declaración del Concilio de Trento. El término "calificada" se refiere a las personas bautizadas. El catolicismo considera que las personas no bautizadas no pueden ciertamente casarse; por ello, solamente las personas bautizadas pueden ser unidas en el *sacramento* del matrimonio, y de ese modo ser los recipientes de la gracia de éste. El matrimonio de las personas no bautizadas constituye un contrato legal, pero en el matrimonio de dos personas bautizadas el contrato y el sacramento son idénticos. Por ello, el sacramento del matrimonio es un contrato entre un hombre y una mujer, ambos bautizados y libres para contraer tal contrato. En el sacramento ellos se unen en matrimonio de por vida, y por medio de él reciben la gracia necesaria para cumplir sus obligaciones y responsabilidades como esposo y esposa.

El sacramento del matrimonio impone un lazo sobre el matrimonio que dura hasta la muerte del esposo o de la esposa. El Concilio de Trento afirmó la dimensión del concepto en términos excepcionalmente fuertes. De la misma forma la enseñanza y la práctica del catolicismo romano con referencia al divorcio es bastante rígida, citando siempre las enseñanzas básicas de Cristo sobre el tema. Por lo tanto, mientras uno o el otro de los miembros bautizados de la unión está vivo, ellos permanecen verdaderamente casados. Factores tales como separaciones, divorcios o nuevo matrimonio pueden tener validez dentro de la esfera civil en la que domina el secularismo, pero desde la perspectiva de la doctrina católica ninguna de estas cosas puede destruir el verdadero lazo matrimonial efectuado por medio de este sacramento.

El propósito básico del matrimonio para los católicos es tener y criar hijos. Un propósito secundario tiene que ver con la dádiva de apoyo mutuo y de afecto dentro del matrimonio y la satisfacción del deseo físico. Hoy día hay mucho interés en esta área de interpretación del matrimonio por los teólogos católicos, y se halla un poco menos en lo que se escribe acerca de los propósitos primarios y secundarios dentro del matrimonio. Hay un reconocimiento mayor de que para que un matrimonio sea sano —tanto en el sentido espiritual como en el psicológico— debe ser considerado como una unión de vidas que tienen interés en la satisfacción de las necesidades de cada uno; también, que la relación tiene otros propósitos más allá de engendrar y criar a los hijos. Sin embargo, como es bien sabido, la interpretación de la ICR acerca del matrimonio y sus propósitos ha afectado fuertemente la posición oficial de la Iglesia en áreas como el control de la natalidad, el divorcio y otras.

Aunque el Concilio de Trento declaró que era necesario que hubiera un sacerdote presente en una ceremonia de bodas, la interpretación doctrinal es que en realidad el sacramento es administrado por los individuos que se casan y no por el sacerdote. El sacerdote sólo sirve como un testigo. El concepto clave es, entonces, el consentimiento mutuo de los que se casan. El matrimonio como sacramento se efectúa por el consentimiento dado y recibido —la oferta y la aceptación— del uno hacia el otro. De esa forma, la materia y la forma del sacramento son la mutua oferta y aceptación del consentimiento matrimonial.

El Concilio de Trento se refirió a la base bíblica del carácter sacramental del matrimonio como aquella que se encuentra en Efesios 5:25-32, donde Pablo escribió:

> Esposos, amad a vuestras esposas, así como también Cristo amó a la iglesia y se entregó a sí mismo por ella... De igual manera, los esposos deben amar a sus esposas como a sus propios cuerpos... "Por esto dejará el hombre a su padre y a su madre y se unirá a su mujer, y serán los dos una sola carne." Grande es este misterio... (la traducción católica lee "sacramento" en lugar de "misterio").

Por supuesto, Pablo estaba escribiendo en cuanto a la relación entre Cristo y su iglesia. La doctrina católica romana afirma que Cristo instituyó esta unión entre él y su iglesia (su esposa) y, de esa forma, la asemejó a la relación humana. Por lo tanto, debido a la dimensión sobrenatural requerida, este cumplimiento se encuentra en la acción sacramental de conferir la gracia. El enfoque católico romano afirma, por lo tanto, que el matrimonio es un tipo de la unión que hay entre Cristo y su novia mística, la iglesia.

CONCLUSION

El Concilio de Trento tuvo el efecto de fortalecer el poder del Papa. El Concilio confió al papado la autoridad para poner en acción sus decisiones. Entre las tareas cumplidas durante los siguientes treinta años estaban:

1. Indice de libros prohibidos. El concepto detrás del Indice, o "Lista de autores y libros contra los cuales la Inquisición Romana y Universal ordena que todos los cristianos estén en guardia bajo la amenaza de censura y castigo", es de fecha anterior al Concilio de Trento. En 1543, cuando el cardenal Caraffa (posteriormente el papa Pablo IV) estaba a cargo de la Inquisición en Italia, él declaró que no se debía publicar ningún libro sin el permiso de Roma. En 1559, ya como papa Pablo IV, él promulgó el Indice oficial, y el Concilio de Trento lo consideró como un instrumento valioso; por ello se continuó con el mismo. Obviamente, las obras de los reformadores protestantes estaban en la lista.

En 1571, el papa Pío V estableció una comisión especial que tenía la responsabilidad continua de revisar y actualizar el *Indice*. Como sugería su título largo, era una lista de libros prohibidos. El propósito del *Indice* es obvio; pero, aunque fue efectivo desde la perspectiva católica, a veces tenía el efecto de sofocar la creatividad y paralizar las instituciones superiores de enseñanza en el área católica. Después de muchos años de crítica en el período moderno, tanto de dentro como de fuera de la ICR, el papa Pablo VI abolió el *Indice* en 1966.

2. La Profesión de Fe Tridentina. No mucho tiempo después de la finalización del Concilio de Trento, el papa Pío IV promulgó la declaración doctrinal oficial que había sido desarrollada por el Concilio. Apareció primero en 1564 y se la ha llegado a conocer como la Profesión de Fe Tridentina. Desde Trento se la ha considerado como la declaración del catolicismo tradicional más representativa y definitiva, y se ha convertido en un texto para todos los convertidos en la ICR. Algunos extractos representativos de la Profesión de Fe son los que siguen:

> Yo... muy firmemente reconozco y abrazo las tradiciones apostólicas y eclesiásticas y otras prácticas y constituciones de la... Iglesia. Reconozco las Sagradas Escrituras de acuerdo con el sentido que la Santa Madre Iglesia ha sostenido... a la que pertenece decidir sobre el verdadero sentido y la interpretación de las Santas Escrituras, ni jamás recibiré ni interpretaré la Escritura salvo de acuerdo con el consentimiento unánime de los Padres.

> Yo profeso también que hay siete sacramentos... Abrazo y recibo cada una y todas las definiciones y declaraciones del Sagrado Concilio de Trento sobre el pecado original y la justificación... Reconozco a la Iglesia Santa, Católica, Apostólica y Romana como la madre y señora de todas las iglesias; y prometo y juro obediencia verdadera al pontífice romano, el sucesor del bendito Pedro, el jefe de los apóstoles y representante de Jesucristo.[5]

Habiendo incluido otros resúmenes diversos de la enseñanza del Concilio en la Profesión, la declaración Tridentina concluye con una declaración sumaria que debe ser hecha por cada adherente: "Yo acepto y profeso, sin dudas, las tradiciones, definiciones y declaraciones de los Cánones Sagrados y los Concilios Ecuménicos, y especialmente aquellos del santo Concilio de Trento."[6]

---

[5] Bettenson, *op. cit.*, p. 267.
[6] *Ibíd.*

Al enfrentar la amenaza del protestantismo, el Concilio de Trento redefinió la estructura del catolicismo romano de acuerdo con el temprano modelo medieval. Representó el modelo y la guía para el catolicismo de los siguientes 400 años.

6

LA IGLESIA DESPUES DE TRENTO: RESPUESTA A LAS CONTROVERSIAS

INTRODUCCION

El Concilio de Trento terminó en 1563; el catolicismo había demostrado su habilidad para definir con claridad sus posiciones doctrinales. Se esperaba que esto resultaría en una nueva estabilidad para la ICR. Europa, sin embargo, por el resto de aquel siglo y el siguiente, permaneció en un estado de cataclismo político y religioso. Mientras los católicos y los protestantes mantenían y endurecían sus antagonismos unos contra los otros, el surgimiento continuo del nacionalismo sirvió para dividir más el continente en lo político.

La ICR prestó mucha atención a las amenazas que venían de fuera de sus muros y realizó intentos deliberados para recuperar las pérdidas que había experimentado como resultado de las ganancias de los protestantes. Al mismo tiempo, a la luz de la naturaleza definitiva del Concilio de Trento, la Iglesia continuó experimentando nuevas controversias dentro de sus propias filas, las que amenazaron una vez más la unidad del catolicismo. De modo que se gastaron muchas energías en la consideración de estos nuevos problemas internos. Este capítulo examina la naturaleza y los resultados de algunas de las respuestas de la Iglesia a las crisis externas e internas que siguieron al Concilio de Trento.

REAGRUPAMIENTO: MISIONES Y PIEDAD

1. Misiones católicas

La irrupción de varios grupos protestantes en Europa hizo estragos en los rangos del catolicismo tradicional. La ICR experimentó pérdidas numéricas significativas. Al mismo tiempo esas pérdidas serían más que superadas por la actividad misionera de los católicos en el Lejano Oriente y en las Américas. La historia de las misiones durante la Reforma y, ciertamente, hasta fines del siglo XVIII, es la historia de las misiones católicas. Las expresiones tempranas del cristianismo protestante fueron lentas en involucrarse en aventuras misioneras directas. A veces esto se relaciona con una perspectiva teológica que interpretaba la Gran Comisión (Mat. 28:19, 20) como teniendo aplicación solamente con los apóstoles originales a los que había sido dada; por ello, algunos no la aplicaban a los creyentes en otros períodos. Otras veces, la inactividad protestante en el área de las misiones fue más el resultado de que los no católicos en Europa estaban preocupados con su propia lucha por la sobrevivencia. Durante mucho de este período ellos no tenían ni el tiempo ni las energías para envolverse en actividades significativas más allá de sus propias esferas inmediatas de influencia.

Los resultados fenomenales experimentados por la ICR en el área de la actividad misionera durante el período constituye una verdadera historia de éxito. Era una etapa de tremenda expansión colonial, especialmente para los estados europeos de España, Portugal y Francia. Junto con la expansión de estos países católicos a otras partes del mundo estaba la extensión de la ICR. Una parte de la motivación para el descubrimiento, exploración y conquista era el interés de convertir a los nativos de esas áreas y así extender la fe católica.

Las órdenes monásticas estuvieron listas y dispuestas a servir como recursos para el movimiento misionero dentro del catolicismo. Esto fue especialmente cierto de la Sociedad de Jesús (jesuitas). La regla era generalmente que una parte del grupo exploratorio y cada actividad de conquista incluiría un lugar importante para que fueran los misioneros católicos. La intención era que así como las tierras se reclamaban para los diferentes monarcas, la gente fuera reclamada para la Iglesia. Los Papas, por supuesto, apoyaron activamente y animaron estos esfuerzos. El papado estableció programas de entrenamiento especial para los misioneros. A medida que se llevaba a cabo esta clase de programa misionero, la ICR fue capaz de más que compensar a los europeos por sus pérdidas por medio de sus ganancias numéricas en Asia y, especialmente, en Sudamérica.

Aun en la víspera de la Reforma protestante, con los descubrimientos de Cristóbal Colón que comenzaron en 1492, el papado llegó a involucrarse en asegurar que las actividades misioneras fueran adelante. En el mismo año en que Colón hizo su descubrimiento inicial, Rodrigo Borgia se convirtió en el papa Alejandro VI (1492-1503). Se considera a Alejandro entre los Papas del Renacimiento y ciertamente como a uno de los peores de aquel grupo. A pesar de todas sus faltas, sin embargo, Alejandro ejerció dones administrativos fuertes y trabajó duramente en mediar en las disputas entre España y Portugal, mientras ambas naciones establecían sus derechos en el Nuevo Mundo. Alejandro preparó un arreglo que fue efectivo en la división de las tierras entre esos países.

Cuando estas dos naciones se embarcaron en la colonización fue simplemente un axioma que una colonia española o portuguesa significaba una colonia católica. Los misioneros jesuitas, dominicos y franciscanos organizaron comunidades católicas por todo el mundo conocido en expansión. Un historiador católico de la época moderna ha observado:

> Para poder entender, entonces, la posición mundial de la Iglesia en (este período), debemos reconocer que... ella (se extendería) muy maravillosamente desde Pekín hasta Perú, desde Montreal hasta las islas Filipinas; pero podía lograr esto porque los grandes poderes imperialistas —los españoles, portugueses y franceses— habían sido poderes católicos, listos y dispuestos para apoyar las aventuras de las órdenes misioneras católicas.[1]

Había buenas noticias para celebrar dentro del catolicismo a medida que la ICR crecía por medio de las misiones.

2. Piedad católica

En una época en la que la ICR estaba buscando activamente extender su influencia por medio de la actividad misionera y definirse por medio de la implantación de la doctrina tridentina, ocurrió otro desarrollo positivo paralelo. Fue que varios destacados místicos del catolicismo estaban poniendo un énfasis significativo sobre la piedad personal. Esto sirvió para elevar la vitalidad espiritual del catolicismo durante el período.

Entre los místicos más influyentes de la época estaba Teresa de Avila (1515-82). Ella creció en una familia más bien numerosa en el pueblo español de Avila. A una edad temprana, Teresa entró en un convento agustino y posteriormente residió en y llegó a estar identificada con otro convento de la orden Carmelita. Ella llegaría a ser instrumental en la formación de un segmento humilde del grupo Carmelita, designado como los Carmelitas "descalzos". Hacia 1555, ella comenzó a entrar más y más en períodos de oración. Teresa llegó a ser reconocida como una verdadera mística. Sirvió como un ejemplo destacado y como maestra de la vida contemplativa. Ella vio que la meta de la oración contemplativa era el logro de una "unión transformadora" con Dios. Su visión, sin embargo, no se centró en un enfoque escapista del mundo. Su convicción era que la oración contemplativa debe resultar en capacitar a la persona para el servicio.

---

[1] E. E. Y. Hales, *The Catholic Church in the Modern World* (Garden City, NY: Hanover House, 1958), p. 24.

Uno de los escritos de Teresa, que lleva el título simple de *Vida*, es su autobiografía espiritual. A Teresa no le faltaban críticos; fue por eso que uno de sus superiores la animó a escribir acerca de sus ejercicios espirituales para que la validez y autenticidad de los mismos pudiera ser claramente evidente. Otros de sus escritos sirvieron como manuales para la vida contemplativa y llegaron a ser considerados entre los clásicos devocionales. Uno de ellos es *El camino de la perfección;* otro es *El castillo interior.* Teresa probó ser influyente no sólo con buscadores posteriores del camino místico, sino también con sus contemporáneos. De hecho, su influencia fue tan significativa que la santidad llegó bastante temprano para ella. Teresa fue declarada santa por la ICR en 1622.

Juan de la Cruz (1542-91) fue otro místico influyente. Fue uno de los contemporáneos españoles de Teresa y grandemente influido por ella. Llegó a conocer a Teresa por su propia relación con los Carmelitas monásticos. Compartió con ella su visión de reforma con su énfasis sobre la humildad y llegó a ser una parte del movimiento de los Carmelitas Descalzos. Eligió ser conocido como Juan de la Cruz.

Juan indicó los abusos dentro de grandes sectores del sistema monástico y, de ese modo, atrajo la ira de aquellos que deseaban mantener el statu quo. Como resultado sufrió persecución y, a veces, aun la prisión. Aun cuando fue un activista en el movimiento de reforma monástica, Juan se destacó en el desarrollo de su propia vida contemplativa de oración.

Su obra clásica es *La noche oscura del alma.* Juan afirmó que la "noche oscura" por la que aquel que conoce a Dios inevitablemente debe pasar es ciertamente amenazante. Pero aquellos que entregan sus almas para ser guiados por la gracia de Dios y completamente se pierden a sí mismos en el amor de Dios, encontrarán esa misma "noche oscura" como una avenida de bendición. Juan, como su mentora Teresa, fue convertido en santo de la Iglesia, pero en este caso no sería sino hasta 1726.

Francia proveyó también una base para el misticismo. Entre los más destacados de los místicos franceses estaba Francisco de Sales (1567-1622). Francisco estudió en París bajo los jesuitas. El había trabajado por un tiempo como un misionero en una área protestante de Europa y, aunque no podía vivir allí, fue hecho obispo católico de Ginebra en 1602.

Francisco tenía la reputación de ser un predicador excelente y un guía espiritual muy capacitado. Sus obras más famosas sobre el desarrollo de la vida espiritual fueron escritas originalmente como instrucciones personales para individuos. Dos de ellas, *Introducción a la vida devota* y *Tratado sobre el amor de Dios*, fueron muy influyentes como devocionales clásicos. Francisco buscó demostrar que la "vida devota" no estaba reservada sólo para aquellos entregados a la vida monástica, sino que era una posibilidad para todos. La "vida devota" puede encontrar expresión "dentro de una compañía de soldados, en el taller del artesano [y] en la vida doméstica de los casados".[2] Francisco fue canonizado como un santo de la ICR en 1665.

La época de la Reforma católica/Contrarreforma y el período posterior fueron señalados por hostilidades. Las mismas ocurrieron tanto dentro como fuera de las filas católicas. Pero fue un período de rico énfasis espiritual en muchas partes de la ICR. Teresa de Avila, Juan de la Cruz y Francisco de Sales representan algunos de los énfasis más fuertes en la piedad personal que se han de encontrar dentro de aquel contexto histórico.

LUCHAS CONTINUADAS

En el frente político, aun antes de la finalización del Concilio de Trento, la Paz de Augsburgo (1555) había más o menos estabilizado la situación religiosa en Alemania. Las condiciones del tratado habían determinado que la religión a la cual se adhería y apoyaba el príncipe individual en una zona determinada sería la religión de la misma. De esa forma si el príncipe era católico, la región sobre la que gobernaba sería asimismo católica; si el príncipe era luterano, su zona estaría en el campo protestante. Esta clase de arreglo produjo, a lo más, una paz intranquila. La ICR, y los protestantes en un grado menor, continuaron promoviendo la utilización de la fuerza para defender y promover "la verdad". De esa forma la lucha continuó en Alemania y también en otros lugares.

Muchos problemas se concentraron en Francia. Ese país se convirtió en un centro de violencia y conflicto durante los últimos años del siglo XVI y de allí en adelante. La lucha entre los católicos y los protestantes a veces fue intensa. Los protestantes en Francia eran generalmente conocidos como hugonotes. En su teología ellos reflejaban una posición calvinista. Con el correr del tiempo los hugonotes crecieron tanto —incluyendo una gran cantidad de nobles—, que el gobierno francés y la Iglesia Católica les consideraron como una amenaza tanto política como religiosa.

En 1572, un príncipe francés simpatizante con los hugonotes, Enrique de Navarra, se comprometió en casamiento con Margarita de

---

2 H. Daniel-Rops, *The Church in the Seventeenth Century*, trad. J. J. Buckingham (Nueva York: E. P. Dutton and Company, Inc., 1963), p. 56.

Valois, la hermana del rey Carlos IX. Esto presentó la posibilidad de que un día un protestante pudiera llegar a ser rey de Francia. La Reina Madre llegó a estar tan preocupada con la situación que preparó un complot junto con otros para atacar a los protestantes en el día de la boda. Esto resultó en la muerte de más de 5.000 hugonotes en lo que se conoce como la matanza del día de San Bartolomé, el 14 de agosto de 1572. Antes que la masacre hubiera terminado días después, por lo menos entre 20.000 y 30.000 protestantes habían muerto.

La pelea en Francia continuaría por muchos años, lo que haría que muchos hugonotes huyeran a otras tierras, algunos de ellos al Nuevo Mundo. Una pausa en el conflicto llegó durante el reinado de Enrique IV (1589-1610), el mismo príncipe Enrique de Navarra, quien se había casado con la hermana del rey Carlos IX. Para asegurarse el acceso al trono, Enrique confesó la fe católica. Sin embargo, reflejó su simpatía hacia los protestantes al promulgar el Edicto de Nantes en 1598. El Edicto, con algunas limitaciones geográficas, brindaba a los hugonotes la libertad para practicar su religión y garantizaba sus derechos civiles. Después de la muerte de Enrique IV en 1610, se reanudó la persecución dirigida contra los hugonotes. El Edicto de Nantes fue anulado formalmente por el rey Luis XIV en 1685.

El conflicto eventualmente se expandió en una escala mayor a toda Europa con el comienzo de la Guerra de los Treinta Años (1618-1648). Al comienzo los bandos en la guerra estaban divididos por líneas religiosas (católicos o protestantes). Al mismo tiempo nunca fue un conflicto puramente religioso, y finalmente llegó a expresarse casi exclusivamente como una guerra política. Después de treinta años muy destructivos, la guerra finalizó con el Tratado de Westfalia, en 1648. En gran parte el Tratado de Westfalia reafirmó la anterior Paz de Augsburgo (1555), que había dado a cada gobernante la autoridad de determinar la religión favorecida en cada región. Existió la limitación de que esta determinación se aplicaba sólo a los católicos, los luteranos y los calvinistas. Los anabautistas y otros movimientos más radicales fueron excluidos y continuaron sufriendo diferentes grados de persecución. Considerado desde una perspectiva más amplia, los católicos y los protestantes alcanzaron una situación más balanceada. En términos globales se expresó poco interés por la población en cuanto a cuál religión prefería practicar.

El papa Inocente (1676-89) difería de la población en general. El estaba interesado con el resultado de la guerra y molesto con el acuerdo de Westfalia. El no había sido consultado, y especialmente le disgustaba que el tratado buscaba impedir a los príncipes que cambiaran sus preferencias religiosas; también excluía al Papa de involucrarse en los asuntos religiosos de Alemania. Las condiciones que habían requerido del Tratado de Westfalia fueron generadas por los intereses políticos y la misma Guerra de los Treinta Años. A veces se considera a ésta como la última de las guerra religiosas en Europa. El Papa protestó, pero no tuvo éxito. Llegó a ser más y más obvio que el papado había perdido poder en el campo político. La meta medieval antigua de lograr una síntesis entre la iglesia y el Estado no era más una posibilidad. La mayoría de los gobernantes y príncipes en Europa pueden haber sido católicos, pero sus decisiones y acciones más y más se basaron en los intereses políticos que sobre la base de los intereses del Papa o los deseos de la ICR.

Los historiadores católicos romanos hacen hincapié en que lo que sucedió fue el desarrollo de un nuevo principio anticatólico. Uno de ellos ha dicho que era como si "el Estado fuera una vez más a manejar sus asuntos como si la Iglesia no existiera... Los siguientes ciento cuarenta años, desde los tratados de Westfalia hasta la Revolución Francesa, están dominados por el desarrollo de este nuevo principio anticatólico".[3] El punto es que mientras los príncipes católicos prontamente afirmaban y apoyaban la ortodoxia católica en las áreas doctrinales, la Iglesia había perdido mucho como una entidad políticamente poderosa e influyente detrás de la escena.

Este "principio anticatólico" durante el período referido anteriormente se ve claramente en Francia, donde había aparecido como un énfasis sobre la monarquía absoluta sobre todo lo demás, incluyendo a la Iglesia. Allí, como en ningún otro lugar, estaba la lucha continua por la supremacía entre la Iglesia Católica y los gobiernos políticos, como se la vio durante los siglos XVII y XVIII. Durante esa época, los Papas no fueron fuertes en su capacidad para desafiar las demandas de los líderes nacionales. La lucha principal relacionada con esta clase de conflicto se verá en lo que llegó a conocerse como el conflicto del ultramontanismo *versus* galicanismo.

"Ultramontanismo" literalmente significa "más allá de las montañas". Representa una perspectiva en favor del papado. La idea es que la Iglesia Católica en cualquier lugar debe mirar "más allá de las montañas" —a Roma— para dirección autoritativa. Es la designación que se da al concepto de la supremacía papal como opuesta a la independencia católica a nivel nacional. El ultramontanismo refleja el concepto que el Papa es supremo sobre la Iglesia Católica sin consideración de dónde la Iglesia encuentra su expresión, dentro de cualquier límite geográfico o nacional.

---

[3] Philip Hughes, *A Popular History of the Catholic Church*, primera edición norteamericana (Nueva York: The Macmillan Co., 1961), p. 184.

"Galicanismo" era la expresión francesa que reflejaba el deseo de descentralización de la autoridad dentro del catolicismo romano. Defendía la idea de la independencia católica en el nivel nacional y representaba la posición opuesta al ultramontanismo. En Francia, el término sugería que la Iglesia debía ser libre del control eclesiástico del papado.

El rey Luis XIV de Francia creía que una nación fuerte requería una fe religiosa fuerte. Esta debía ser singular en su expresión y reflejar los intereses básicos de la nación. Como se señaló antes, en 1685 Luis XIV había anulado el Edicto de Nantes que, aunque no muy efectivo hasta después de 1610, teóricamente había concedido tolerancia religiosa a los hugonotes. Con la acción de Luis XIV, consistente con sus convicciones de que una expresión religiosa única era esencial, básicamente fue negado el protestantismo francés. Muchos hugonotes se convirtieron al catolicismo y muchos otros dejaron Francia.

El deseo de Luis XIV de tener una iglesia que reflejara los intereses de la nación se puede ver en la promulgación de los famosos Cuatro Artículos Galicanos. Los mismos fueron decretados por el obispo francés Bossuet en 1682. Los Artículos Galicanos afirman que:

1. El papa no tiene poder en asuntos temporales.
2. La autoridad de los concilios generales de la Iglesia tienen prioridad sobre la de los Papas.
3. Las leyes y costumbres de la Iglesia en Francia son válidas y, de esa forma, deben aceptarse las prácticas nacionales entre los católicos.
4. El juicio de los Papas no es infalible y las decisiones papales pueden ser reformadas por los concilios generales.

Inicialmente, los Artículos Galicanos fueron aceptados por el clero francés y enseñados en las escuelas. El Papa resistió y rechazó a cualquier obispo que aprobara los Artículos Galicanos. Luis XIV amenazó con formar una Iglesia Católica Francesa. Fue en ese punto que los clérigos franceses se preocuparon por las amenazas del Papa y se replegaron de ir tan lejos como parecía que Luis XIV los estaba empujando. El rey posteriormente transigió de la rigidez de su posición acordando una suavización de los Artículos Galicanos, pero al mismo tiempo insistió en recibir rentas crecientes de la Iglesia.

El control de la Iglesia por el Estado en Francia fue aumentado en la época de la Revolución Francesa. Otras entidades nacionales reflejaron el deseo de Francia de controlar la Iglesia dentro de sus territorios, intentando dominar la Iglesia con sus propios intereses nacionales. A pesar de todo, por lo menos en teoría, el ultramontanismo finalmente llegaría a ser considerado como triunfante con la declaración formal de la infalibilidad papal en el Concilio Vaticano I en 1870.

CONTROVERSIAS DOCTRINALES

Contra el trasfondo de las luchas continuadas mencionadas arriba, y paralelo a ellas, se desarrollaron varias controversias importantes de naturaleza doctrinal dentro del catolicismo europeo. El Concilio de Trento había solidificado la posición de la Iglesia y, de esa forma, la había colocado en una posición para evaluar mejor cualquier desafío doctrinal nuevo que se presentara contra ella. La ICR era afortunada durante este período de tener disponible a la Sociedad de Jesús como una fuerza misionera para ganar nuevos adherentes por todo el mundo. Asimismo, en el área de aspectos doctrinales y defensa de su posición, la Iglesia era afortunada de tener bastantes teólogos jesuitas capaces de defender la posición de la Iglesia por medio de escribir o hablar en su favor.

Uno de los teólogos jesuitas más capaces después del Concilio de Trento que estaba entre los intérpretes más destacados de los decretos del Concilio, era Robert Bellarmine (1542-1621). Se ha dicho de Bellarmine que su conocimiento tenía una base muy amplia, que era un hombre de gran capacidad intelectual y que tenía una disposición amigable. Era un italiano de Toscana; su papá deseaba que su hijo desarrollara una carrera política. Pero el deseo de su madre prevaleció para que dedicara su vida en servicio a la Iglesia y él ingresó en la Sociedad de Jesús en 1560. Se distinguió como estudiante y en 1569 fue designado para enseñar teología en la entonces famosa Universidad de Lovaina. Esta universidad fue acusada de desarrollar una teología "defensiva" contra los ataques de los reformadores. Sus siete años en Lovaina le dieron la oportunidad de alcanzar una familiaridad integral con el pensamiento protestante.

En 1576, Bellarmine fue al nuevo Colegio Romano en el Vaticano, convirtiéndose en profesor de teología controversial. Enseñó allí por varios años. Comenzando en la década de 1580, publicó una obra en tres tomos titulada *Disputas sobre las controversias de la fe cristiana*. Esta obra estableció a Bellarmine como el principal sistematizador de los argumentos teológicos de los católicos en contra de las pretensiones de los protestantes. Asimismo, se lo considera generalmente como uno de los mejores expositores de la teología católica romana como fue definida por el Concilio de Trento. Las *Disputas* reflejaron una comprensión asombrosa de la teología protestante y brindaron una apologética bien desarrollada de la posición católica. La obra de Bellarmine brindó a la Iglesia un recurso para la batalla polémica con sus atacantes. Los misioneros católicos hicieron buen uso de las *Disputas* al enfrentar el desafío de los protestantes.

Uno de los énfasis principales de Bellarmine tenía que ver con la autoridad papal. En cuanto a la cuestión del gobierno, él afirmaba que una monarquía era lo mejor. Hablando específicamente del gobierno de la iglesia, él dijo que una forma monárquica era esencial para mantener la unidad y el orden. En relación con la autoridad papal en el campo secular, Bellarmine afirmó que el poder del Papa no era absoluto. En ese campo, él afirmó que el Papa tenía un poder indirecto más bien que directo. El poder era indirectamente suyo en virtud de su responsabilidad por el bienestar espiritual de aquellos que estaban gobernados por monarcas seculares. De esa forma, aunque el poder del Papa en la esfera secular es indirecto, aun es enorme. El Papa puede deponer reyes, absolver a individuos de su lealtad a las autoridades seculares, cambiar leyes, etc., cuando esas acciones fueran juzgadas necesarias para el bienestar de las almas bajo el cuidado del Papa.

Bellarmine utilizó posteriormente los argumentos sobre la naturaleza del poder del Papa en el terreno político en su debate literario con el rey James I de Inglaterra, sobre los temas del derecho divino de los reyes y el juramento inglés de lealtad al monarca. Como pudiera haberse esperado, el galicanismo en Francia también reaccionó negativamente a los conceptos de Bellarmine.

Bellarmine fue un hombre de gran influencia durante su período de servicio a la ICR. En tres ocasiones durante la elección de nuevos Papas él recibió algún apoyo y votos para el oficio papal. En su tiempo, sus *Disputas* fueron reconocidas como la mejor defensa literaria hecha por los católicos, y la influencia de esa obra se extendió por los dos siglos siguientes.

Luego del Concilio de Trento, el protestantismo siguió poniendo énfasis en temas clave que llevaron a los teólogos católicos a buscar mayor claridad en cuanto a sus propias posiciones. Algunos de estos temas más importantes incluyeron la voluntad de Dios, la presciencia, la predestinación, la gracia de Dios y el libre albedrío. Un teólogo jesuita que buscó afirmar la posición católica en estos asuntos fue Luis de Molina (1535-1600); pero, en el proceso de hacerlo, creó una controversia en la Iglesia. Molina, un español, ingresó en la Sociedad de Jesús a la edad de dieciocho años. Estudió en la Universidad de Alcalá y luego enseñó teología y filosofía moral en las Universidades en Evorca y Madrid. Su publicación principal, en la que trabajó por casi treinta años, se tituló *El acuerdo del libre albedrío con los dones de la gracia*. Intentó definir la naturaleza precisa de la relación entre la gracia de Dios y el libre albedrío de la humanidad contra el trasfondo de su interpretación del énfasis protestante sobre la predestinación a expensas del libre albedrío. Molina sugirió que había un "acuerdo" entre el libre albedrío humano y la gracia de Dios.

El molinismo y sus conceptos modificaban el concepto de la predestinación incondicional. Molina afirmaba que Dios había dado el poder de la cooperación libre en su propia salvación a todos aquellos que él previó rendirían su voluntad a la gracia divina. Dios salva o condena sobre la base de su conocimiento en cuanto a cómo alguien ejercerá su libre albedrío. Con el conocimiento previo de ello, Dios brinda las ayudas necesarias para que la persona ejercite su libre albedrío eligiendo la salvación. La justificación no es el resultado de la gracia sola *(sola gratia)*, sino que depende de la reunión de la propia voluntad de la persona y de la gracia de Dios.

Muchos en la ICR apreciaron la enseñanza de Molina, porque creían que él efectivamente había negado los enfoques de los principales teólogos protestantes. Sin embargo, esa valoración no era universal entre los teólogos católicos. Los dominicos, en especial, se opusieron a los criterios de Molina. Ellos creyeron que éstos estaban en conflicto con su comprensión de las enseñanzas de Agustín y de Tomás de Aquino; tendieron a acusar a Molina de pelagianismo (la herejía que afirmaba que la salvación es posible por medio de esfuerzos humanos solamente y que no es dependiente de la gracia). La controversia que siguió tendió a ser una entre jesuitas y dominicos: Los jesuitas apoyaban los criterios de Molina y los dominicos estaban en su contra.

Se realizaron discusiones públicas para considerar estos temas. El debate en torno al molinismo llegó a ser tan feroz que en 1594 el Papa Clemente VIII (1592-1605) impuso silencio sobre aquellos que habían seguido discutiendo el asunto. Clemente murió antes de que se pudiera llegar a una solución. Su sucesor, el papa Pablo V (1605-21) disolvió la comisión, llegando aparentemente a la conclusión que la mejor decisión era no tomar ninguna. El papa Pablo V, por lo tanto, anunció que ni los molinistas ni los dominicos estaban enseñando algo que estuviera significativamente en desacuerdo con la doctrina católica básica. El Papa prohibió que cualquiera de los grupos llamara herético al otro. En términos prácticos, fue una victoria para los jesuitas, porque ellos quedaron libres de enseñar los conceptos de Molina sin el peligro de ser acusados de pelagianos.

La ICR se encontró pronto luchando con otra controversia que eclipsó la del molinismo. Se la conoció como jansenismo, pues tomó su nombre del teólogo católico holandés Cornelio Jansen (1585-1638). El jansenismo se convirtió en una parte de la controversia continua que se centraba en los temas referidos a la gracia y el libre albedrío. Su posición era de oposición extrema al molinismo, pero, igualmente, estaba en conflicto con las interpretaciones más generales de los católicos sobre esos puntos tal como emergieron del Concilio de

Trento. A veces se la ha descrito como una clase de "catolicismo calvinizado".

Cornelio Jansen nació en el norte de Holanda. Estudió en la Universidad de Lovaina y luego fue allí profesor de exégesis. Se convirtió en un fuerte opositor de los jesuitas y usó su influencia para excluir a miembros de la Sociedad de Jesús de la Universidad de Lovaina. Cerca del fin de su vida (1536) fue nombrado obispo de Ypres. Murió en 1638 como resultado de una epidemia en el área.

Jansen fue influido fuertemente por su estudio de Agustín. El resultado de más de veinte años de estudio intenso fue su publicación principal, *Agustín*, en tres tomos. Se publicó póstumamente en 1640, dos años después de la muerte de Jansen. *Agustín* es una interpretación teológica del famoso Padre de la iglesia. El primer tomo considera históricamente las herejías pelagiana y semipelagiana; el segundo tomo trata los conceptos de Agustín sobre el estado de inocencia y la caída; y el tercer tomo se centra en la gracia y la predestinación. Aquellos que siguieron las enseñanzas de Jansen fueron bastante celosos en la propagación de sus criterios. A medida que se fue consolidando como un movimiento, el jansenismo fue crecientemente considerado como una amenaza dentro del catolicismo debido al número y a la calidad de las personas que eran atraídas por sus enseñanzas. Como podría esperarse, debido a los fuertes sentimientos antijesuitas y a sus ataques a los enfoques de Molina, los teólogos jesuitas estaban a la vanguardia de aquellos que criticaban al jansenismo.

En lo que se refiere al catolicismo oficial, el jansenismo fue resumido en cinco proposiciones que el papa Inocente X (1644-55) subsecuentemente condenó en 1553. Declaradas en general, esas proposiciones eran:

1. El cumplimiento de los mandamientos de Dios es imposible sin la gracia capacitadora de Dios.
2. La gracia de Dios es irresistible.
3. La libertad de la compulsión es necesaria para el mérito, no la libertad de la necesidad.
4. Es semipelagiano enseñar que la voluntad es capaz de resistir o responder a la gracia.
5. Es semipelagiano decir que Cristo murió y derramó su sangre por todos los seres humanos.

La controversia total llegó a ser considerada, en general, como una entre los jansenitas y los jesuitas. El problema básico era la relación entre la gracia y el libre albedrío. En su forma jesuita o molinista, la doctrina puede declararse como sigue: La gracia de Dios es esencial para la salvación; Dios quiere que todos sean salvos; Dios da a todos gracia suficiente para la salvación; pero como los seres humanos tienen libre albedrío, la eficacia (habilidad para cumplir su propósito) de la gracia de Dios depende de la cooperación de éstos. En una sobresimplificación del concepto jansenita, pero para indicar el contraste, podemos decir que Jansen enseñó lo siguiente: Dios confiere su gracia solamente sobre aquellos que él quiere salvar; Dios no quiere salvar a toda la gente; de modo que Cristo no murió por todos, sino solamente por aquellos que él quiere salvar.

En *Agustín,* Jansen puso énfasis en la corrupción e impotencia de los seres humanos, y en su dependencia de Dios. Hizo hincapié en la necesidad de un arrepentimiento genuino en contraste con lo que él interpretó como el énfasis superficial de los jesuitas sobre el ceremonial o el moralismo. Aunque algunos sugerirían que en el jansenismo hay fuertes similaridades con el protestantismo, y ciertamente se puede hallar en el énfasis fuerte sobre la predestinación, Jansen mismo se opuso al concepto protestante básico de la justificación por la fe y consideró que la salvación era sólo posible dentro de la ICR.

Otra área de conflicto entre los jansenitas y los jesuitas era en relación con el sacramento de la Eucaristía. El Concilio de Trento había recomendado la observancia frecuente de la Eucaristía, y los jansenitas ponían énfasis en esto como una necesidad. El catolicismo afirma que un resultado de la participación en la Eucaristía es purgar los pecados veniales e infundir en la persona la fortaleza para resistir los pecados mortales. De ese modo, se preferirá la participación frecuente en el sacramento. Los jansenitas promovieron un estilo de vida moralmente riguroso; creyeron que sólo aquellos que estaban en un estado de contrición casi perfecto, o en un estado de dignidad aproximado, debían participar en la celebración del sacramento. Por ello, la participación individual iba a ser infrecuente.

Aunque Cornelio Jansen era de Holanda, Francia se convirtió en el centro verdadero de la controversia. La facultad de teología de la Sorbona, junto con los obispos franceses buscaron tomar alguna acción en contra de los jansenitas. El papa Urbano VIII (1623-44) condenó formalmente la obra *Agustín* en 1643. Debido a la controversia continua el papa Inocente X, diez años más tarde (1653), reafirmó la acción de Urbano VIII y, como ya se ha indicado, condenó en forma específica las creencias jansenitas. Algunos residuos del jansenismo continuarían en Francia por muchos años aliados con el galicanismo, oponiéndose al autoritarismo papal. Algunos jansenitas franceses fueron a Holanda, uniéndose allí con católicos cismáticos; ellos se separaron de la Iglesia de Roma en 1702, formando una Iglesia Jansenita que se llegó a conocer como la Vieja Iglesia Católica de Holanda, la que ha sobrevivido hasta la actualidad.

Otro asunto controversial durante este período fue el fenómeno conocido como "quietismo". Contra el trasfondo de una época dominada más y más por la razón y caracterizada por la convicción creciente en muchos círculos de que la verdad espiritual podía comprenderse intelectualmente, el quietismo surgió como una protesta mística en contra de aquellos conceptos. El quietismo —como muchas otras controversias de la época— halló una buena acogida en Francia. Pero sus raíces se encontraban por todos lados.

Como ya se ha señalado los místicos españoles del siglo XVI como Teresa de Avila y Juan de la Cruz fueron declarados santos de la ICR. El místico del siglo XVII, Miguel de Molinos (1640-97) no fue tan afortunado. Molinos era también un español, pero pasó mucho tiempo de su vida en Roma. Allí experimentó por algún tiempo cierto grado de popularidad y publicó su libro conocido como *Guía espiritual*. Los conceptos vertidos en esa obra despertaron la ira de muchos y especialmente los ataques de los jesuitas. Esto resultó en la condenación de su enseñanza y en su encarcelamiento de por vida.

El quietismo se centra en la pasividad y la negación de la voluntad. De esa forma agrega un nuevo eslabón en la cadena católica del período de controversia relacionado con el libre albedrío de la humanidad. Los quietistas buscan abandonarse y perderse en Dios. Por ello, el esfuerzo humano (las obras) no cuenta para nada. Por medio de la oración contemplativa es posible alcanzar la perfección y, de ese modo, hacer que sean innecesarios actos tales como la confesión, la penitencia y otros (la participación en los sacramentos). El quietismo pone énfasis en un estado continuo de contemplación, en el cual el místico es indiferente a todo lo que no es Dios. En su forma extrema la Iglesia Católica ha señalado que las implicaciones morales de una enseñanza tal son poco diferentes de aquellas del panteísmo. Con Miguel de Molinos hay el reconocimiento de que los seres humanos tienen libre albedrío, pero que es algo a ser aniquilado. El catolicismo firmemente rechazó esto.

Las ideas quietistas no murieron con Molinos. Otros, especialmente en Francia, continuaron algunos de los mismos énfasis y han sido catalogados como quietistas. Uno de los más conocidos quietistas franceses fue Madame Guyon (Jeanne Marie Bouvier de la Motte, 1648-1717). A la muerte de su esposo, cuando ella tenía veintiocho años, Madame Guyon se entregó sin reservas a Dios. Esta entrega la llevó a las prácticas y enseñanzas quietistas. Llegó a ser muy conocida e influyente en muchos círculos por medio de sus escritos sobre el misticismo, especialmente desde aquella época por medio de su *Autobiografía*. Estuvo en la cárcel más de una vez. Una Comisión de la

Iglesia se reunió en Issy, cerca de París, en 1695 con el propósito de examinar las enseñanzas quietistas de Madame Guyon. El resultado fue la condenación de sus ideas. Fue liberada de la prisión en 1702 y murió en 1717. Su influencia no pereció con ella, sino que se expandió por toda Francia y más allá del país, impactando también algunos segmentos dentro del protestantismo.

CONCLUSION

Es correcto afirmar que las características de la ICR después del Concilio de Trento fueron recuperación y revitalización. Pero fue también un período de conflicto y desafío para la Iglesia. Se requería gran energía, no sólo para aquello que la Iglesia consideraba como oportunidades importantes de las cuales tenía que tomar ventaja, sino para el tratamiento de los conflictos y controversias que continuaban bombardeándola como una institución en un mundo dinámicamente cambiante. Aunque la ICR podía oficialmente condenar cualquier movimiento que pudiera ser considerado contrario a su enseñanza oficial, siempre quedaba un residuo de una influencia continua y quejosa después que el polvo se había aplacado. Además, siempre había otros desafíos que estaban esperando para poder presentarse. En el capítulo siguiente se considerarán algunos de ellos.

7

LA IGLESIA CATOLICA EN CRISIS: UN PERIODO DE LUCHA CONTINUA

INTRODUCCION

Si el Concilio de Trento efectivamente definió la ICR para el período moderno, no mitigó la posibilidad de crisis en el futuro. Ciertamente, como se indicó en el capítulo anterior, una vez que el Concilio clausuró sus sesiones surgieron nuevas controversias.

Durante los siglos siguientes la Iglesia Católica se encontró funcionando constantemente en un modo reaccionario. Hubo cambios culturales, políticos, sociales y religiosos de tal importancia y que ocurrieron con tanta rapidez que dieron como resultado un mundo de constante ambigüedad. Al enfrentar esa ambigüedad, la ICR se halló con una crisis detrás de la otra. La Iglesia Católica estaba compitiendo con nuevas teorías en cada campo de la civilización occidental.

¿Cuáles eran las fuentes de esa situación en Europa? ¿Cuál era la naturaleza de las crisis que enfrentaba el catolicismo? ¿Cómo respondió la Iglesia? Este capítulo considerará los asuntos relacionados con estas preguntas.

LA CRISIS DE LOS JESUITAS

La Sociedad de Jesús había sido fundada por Ignacio de Loyola en el siglo XVI con el propósito de servir a la Iglesia y al papado.[1] Esto fue muy bien cumplido. Sin embargo, a pesar de todo lo que había hecho en favor de la ICR, hacia fines del siglo XVIII los jesuitas habían llegado a ser tan impopulares en muchos círculos que el papa Clemente XIV disolvió la orden en 1773. Parecería que la misma agresividad que había hecho que la orden fuera tan exitosa en los primeros tiempos —en áreas como el avance misionero y la educación— ahora resultaba en reacciones negativas por parte de grupos tanto dentro como fuera de la ICR.

---

[1] Ver capítulo 3.

Los jesuitas, nunca ajenos a las controversias, parecían estar constantemente enredados, sea como agresores o como atacados. La agresividad les trajo gran éxito, mídase como se mida. Uno de ellos fue la cantidad de riquezas y propiedades acumuladas por la orden. Pero su mismo éxito frecuentemente causó sospechas y preocupación de parte de aquellos que estaban fuera de la Compañía de Jesús.

Como se señaló anteriormente, los jesuitas fueron participantes y antagonistas clave en controversias del siglo XVII como la relacionada con los jansenitas.[2] En esos debates, sus enemigos atacaron a los jesuitas por dos enseñanzas específicas que ellos exponían: El probabilismo y la reserva mental.

1. El *probabilismo* encontró su expresión en el sacramento de la penitencia. En esencia, el probabilismo permitía que el sacerdote que escuchaba una confesión pudiera declarar que el acto era aceptable delante de Dios si había alguna probabilidad de que pudiera ser correcto. Permitía que el individuo considerara las decisiones morales difíciles eligiendo la probabilidad más indulgente.

2. La *reserva mental* básicamente apoya el criterio de que el fin justifica los medios. Este enfoque permitía que en ciertas situaciones se retuviera parte de la verdad, o que se dejara una impresión errónea.

Los críticos de la orden citarían esos énfasis y declararían que los jesuitas los usaban para justificar lo que algunas veces se percibía como su propio comportamiento inescrupuloso y despiadado.

Los gobernantes del siglo XVIII consideraron a la Sociedad de Jesús como una amenaza a su propio liderazgo y metas. Los líderes políticos ponían presión para que se negara y minimizara el poder de los Papas en cuanto a la influencia que éstos tenían sobre los asuntos de sus diferentes naciones. Los jesuitas, por supuesto, tenían como una parte central de su razón de ser la de ser un apoyo para el papado y ejecutar la voluntad de éste. A veces hacían esto por medio de actividades secretas y subversivas. Debido a la percepción de esta amenaza, los reyes de Portugal, Francia y España, en forma sucesiva, desterraron a los jesuitas de sus actividades en sus respectivos países. En la mayoría de los casos esto significó el retiro de las fuerzas misioneras de los jesuitas también de las colonias de esos países. Algunos analistas sugieren que hacia 1750 había 22.000 miembros de la orden jesuita en todo el mundo. De esa forma, la supresión de la Sociedad de Jesús fue tremendamente importante.

El siglo XVIII ciertamente fue un período oscuro para los jesuitas, pues experimentaron ataques de todas las direcciones. Al mismo tiempo, cualquier estudiante informado debe advertir que la Sociedad

---

[2] Ver capítulo 6.

de Jesús frecuentemente fue una voz y un poder muy fuertes en contra de las acciones inhumanas realizadas por los poderes europeos, los cuales tomaban ventaja de los nativos en las tierras que colonizaban. Un ejemplo de eso puede verse en el siguiente extracto:

> Los misioneros jesuitas en Sudamérica habían protestado en contra de la explotación de los indios, y para prevenirla, habían comenzado otro experimento innovador en Paraguay: las llamadas Reducciones. Estas eran villas modelo, en las cuales los indios convertidos podían vivir en paz y relativa prosperidad sin ser explotados por los colonizadores europeos; tampoco tenían que confrontar el desafío de la civilización europea para la cual no estaban preparados... Sin embargo, había muchos en el nuevo mundo que habían llegado precisamente a explotar a los indios y resentían la política de los jesuitas en relación con ellos. Ellos esparcieron el rumor que la orden estaba estableciendo un Estado dentro de otro Estado y entrenando grandes ejércitos de indios que brindarían una base de poder segura para los jesuitas, y quizá aun se levantarían en contra de los poderes colonizadores. Las acusaciones eran absurdas, pero fueron usadas como un pretexto... para suprimir a la orden jesuita en los dominios de ultramar... con gran crueldad y brutalidad en 1757.[3]

España, Portugal y Francia se unieron en ejercer presión para suprimir a los jesuitas en una escala mundial. Amenazado con la invasión de Roma si no estaba de acuerdo, el papa Clemente XIV promulgó un decreto suprimiendo la orden en 1773. La supresión, sin embargo, no resultó en la extinción total, y finalmente la Sociedad de Jesús habría de ser formalmente restaurada en 1814, durante el papado de Pío VII. Aunque han hecho grandes contribuciones a la vida y la vitalidad del catolicismo, aun ahora —como entonces— los jesuitas no son universalmente amados y apreciados.

DESAFIOS DE LA EPOCA

Las luchas internas en el catolicismo, como las relacionadas con problemas tales como qué hacer con los jesuitas, y todos los conflictos que generaron fueron importantes y desgastadoras. Al mismo tiempo, hubo problemas tremendos que desafiaron a la Iglesia desde afuera. Era un período de la historia que desafiaba los fundamentos mismos de todas las estructuras institucionales existentes dentro de la civilización occidental. La ICR, como todas las otras instituciones, fue impactada por estos desafíos.

---

3 John C. Dwyer, *Church History: Twenty Centuries of Catholic Christianity* (Nueva York: Paulist Press, 1985), pp. 298-99.

1. Desarrollos científicos

Mucho antes del siglo XVIII, la ICR se había hallado en conflicto directo con una revolución científica emergente. Copérnico (1473-1543) con su hipótesis de que la tierra giraba alrededor del sol, había desafiado la cosmología de la Iglesia, que había afirmado que la tierra era el centro del universo. Para Copérnico, el sol era el centro.

Los teólogos católicos medievales, dependiendo fuertemente de Aristóteles, habían sostenido una cosmología griega. El pensamiento de Tomás de Aquino, el gran teólogo escolástico, había sido apoyado por el Concilio de Trento. Tomás de Aquino había unido la teología y la filosofía aristoteliana. De ese modo, si alguien sugería que la tierra no es el centro del universo, eso significaba desafiar las presuposiciones teológicas en un punto decisivo.

Galileo (1546-1642) continuó la línea de las ideas de Copérnico y con su telescopio brindó los datos empíricos para substanciar el nuevo concepto. Siendo profesor de matemáticas en la Universidad de Pisa, Galileo y sus conceptos llegaron a estar en conflicto allí con los filósofos y teólogos que tenían la orientación aristotélica. Su cambio a la facultad en la Universidad de Padua produjo un escenario más adecuado para su trabajo. No obstante, durante este tiempo, él continuó teniendo dificultades con la Iglesia y con sus críticas a sus conceptos.

Galileo viajó a Roma en 1615 y defendió su posición. El papa Pablo V dio instrucciones al Santo Oficio de la Inquisición para que atendiera el asunto y, en 1616, declaró que "la proposición de que el sol es el centro del universo (y no la tierra)... era filosóficamente necia, absurda y formalmente herética, en tanto que expresamente contradice la doctrina de las Sagradas Escrituras".[4] Galileo inicialmente se retiró de mayor controversia y permaneció silencioso. Posteriormente, en un intento renovado de defender su posición durante el gobierno de un nuevo Papa, Urbano VIII, Galileo publicó en 1632 su *Diálogo sobre los sistemas de dos mundos*. El papa Urbano VIII y los teólogos se ofendieron y en 1633 los conceptos de Galileo fueron condenados como "vehementemente sospechosos de herejía".[5]

Copérnico, Galileo y otros pusieron énfasis en la necesidad que las afirmaciones científicas estuvieran basadas sobre la experimentación, utilizando una metodología que pudiera verificar los resultados. Para la ICR, por siglos la autoridad había estado basada sobre los pilares mellizos de las Escrituras y la Tradición, y esto había sido reafirmado por el Concilio de Trento. Galileo buscó resolver lo que se percibía

---

[4] *New Catholic Encyclopedia*, "Galilei, Galileo", tomo 6, p. 253.
[5] *Ibíd.*, p. 254.

como un conflicto entre la ciencia y la enseñanza de la Biblia, al escribir:

> La autoridad de las Sagradas Escrituras tiene como su única meta el convencer a los seres humanos de las verdades que son necesarias para su salvación... Pero el mismo Dios que nos ha capacitado con sentidos, razón y entendimiento no debe desear que los usemos y debe querer impartirnos por otros medios el conocimiento que podemos adquirir por su uso. Esto es algo que yo no considero que esté obligado a creer.[6]

Sin embargo, al hablar a la ICR, las palabras de Galileo cayeron en oídos sordos.

Blas Pascal (1623-62), quien se había trabado en una batalla verbal y literaria con los jesuitas durante la controversia jansenita, igualmente buscaba acomodar la ciencia y la religión. Pascal era un matemático, pero también una persona de fuerte fervor religioso, como queda reflejado en *Pensees* (Pensamientos). El contenido de *Pensees* eran fragmentos escritos por Pascal que fueron coleccionados y publicados después de su muerte. Aunque Pascal, como Galileo, no consideró que la ciencia y la religión fueran mutuamente exclusivas, la ICR reaccionó con una rigidez negativa en lo que percibía como una situación muy amenazante.

Es importante notar que la actitud de la ICR hacia los descubrimientos científicos ha cambiado en el período más contemporáneo. Asimismo, alguien como Galileo ha alcanzado una posición más positiva. Por ejemplo, en 1979 el entonces nuevo papa Juan Pablo II, hablando delante de una reunión de cardenales y de la Academia Papal de Ciencias en ocasión del centésimo aniversario del nacimiento del científico Albert Einstein, dijo con referencia a Galileo:

> La grandeza de Galileo es comparable a la de Einstein, algo que todos reconocen. Pero la diferencia es que hoy, en la presencia del colegio de cardenales en el Palacio Apostólico, estamos honrando a Einstein, mientras que Galileo sufrió mucho de parte de los hombres y de la organización de la Iglesia.[7]

Luego, en 1992, el mismo Papa lo convirtió en oficial: Declaró delante de la misma Academia Papal de Ciencias que la ICR se había equivocado al condenar los conceptos de Galileo.

2. La Era de la Razón

El Tratado de Westfalia (1648) marcó el comienzo de lo que muchos

---

[6] Citado en Thomas Bokenkotter, *A Concise History of the Catholic Church*, ed. rev. (Garden City, NY: Image Books, 1979), p. 268.

[7] Citado en Francis X. Murphy, *The Papacy Today* (Nueva York: Macmillan Publishing Co., 1981), p. 221.

reconocen como un nuevo período histórico conocido como la Era de la Razón. En general, esto denota un lapso desde 1648 hasta 1789 y el comienzo de la Revolución Francesa.

Durante la Era de la Razón, la ICR continuó enfrentando desafíos en muchas áreas. Por ejemplo, aun en algunos de aquellos países que eran "católicos", el refinamiento de las teorías políticas hizo que la relación con Roma fuera más tranquila a medida que los impulsos nacionalistas se centraban en los deseos de una Iglesia más "nacional". En la esfera intelectual —y es allí que el período encuentra su caracterización como la Era de la Razón— se desarrolló un nuevo espíritu y una nueva actitud con la cual el catolicismo tenía que luchar. Nuevos conceptos científicos y filosóficos hicieron que muchos fueran más rigurosos en su cuestionamiento de las afirmaciones de la ICR, desarrollando en ellos un deseo de libertad tanto en pensamiento como en acción.

En algunos aspectos lo que ocurrió parecía el resultado de un proceso gradual. Pero en otras maneras el nuevo enfoque que se refleja en la Era de la Razón parecía literalmente estallar en la escena. Con los nuevos emprendimientos científicos como trasfondo, a veces conectados con nuevos inventos que esos descubrimientos producían, resultó también una nueva actitud cultural. La gente fue más optimista; el misterio del mundo con todas sus complejidades fue menos intimidante; se creía que con los nuevos análisis científicos podía resolverse el "misterio". Se comenzaba a ver al mundo como siendo ordenado por medio de leyes más bien que guiado por la incognoscible voluntad de Dios. Mucha gente comenzó a expresar su confianza en que esas leyes podían ser descubiertas y conocidas, haciendo posible que la raza humana pudiera ordenar su propio universo. Muchos de aquellos que estaban influenciados por este nuevo enfoque percibían que la dependencia de Dios era menos necesaria que antes.

La Era de la Razón creó una atmósfera dentro de la cual se podía cuestionar toda clase de autoridad. Así como antes se indicó que la ICR reaccionó negativamente ante los enfoques científicos de hombres como Copérnico y Galileo, así también la Iglesia reaccionó en forma negativa en lo que se consideraba como un desafío a su autoridad en prácticamente toda área. Durante los siglos venideros, la ICR estaría en una batalla constante con su enemigo reconocido: el modernismo.

La Era de la Razón es una nueva evidencia de que el mundo occidental había cambiado nuevamente. La ICR se encontraba ahora en un ambiente en el cual la competencia con el protestantismo no era su amenaza principal. Las nuevas preguntas que surgían en las áreas intelectual, política y aun religiosa creaban nuevos desafíos, a medida que la Iglesia procuraba mantener la estabilidad alcanzada en el Concilio de Trento.

3. La amenaza de una religión racionalista

La Era de la Razón tuvo como resultado un acercamiento totalmente nuevo hacia la religión por parte de muchas personas. Muchos protestantes tanto como católicos reaccionaron fuertemente a un enfoque exclusivamente racionalista de la religión como algo opuesto a una entrega de fe o a las enseñanzas de una tradición continua. Al considerar los aspectos sobrenaturales de la religión se puso a ésta fuera del campo de la razón. De esa forma los racionalistas tendieron a considerar como inadecuado a cualquier sistema religioso que basara sus afirmaciones sobre la revelación o las pretensiones de fe de sus adherentes. Muchos eruditos consideran que Emanuel Kant (1724-1804), el filósofo alemán y no católico, representa la culminación de la Era de la Razón. Kant afirmó que para que la persona sea realmente libre necesita probar la verdad de sus creencias por medio de los experimentos de la razón.

Las creencias de René Descartes (1596-1650), uno de los propios hijos de la ICR, resultaron ser problemáticas para la Iglesia. A veces se lo llama "el padre de la filosofía moderna". Descartes, un filósofo y matemático francés, recibió su educación bajo la mano guiadora de los jesuitas; posteriormente sería desterrado de sus universidades. Descartes dejó Francia en 1629 y se radicó en Holanda. Allí buscó estar aislado para estudiar y, como se ha sugerido, estar fuera del alcance de una crítica directa por parte de la ICR.

Descartes contribuyó mucho a establecer un fundamento "racionalista" para la consideración de los asuntos religiosos. Estaba convencido de que todo conocimiento generalmente aceptado estaba abierto a la duda. Tenía como primera regla no aceptar nunca como cierto algo que él mismo no hubiera comprobado. Queriendo evitar la controversia religiosa, dijo que la religión estaba excluida de aquella regla. A pesar de ello, era inevitable que el pensamiento religioso cayera bajo el mismo criterio de evaluación. Sus conceptos atrajeron mucha crítica y su sinceridad como católico muchas veces ha sido cuestionada. Aun así, Descartes murió siendo un miembro de la ICR, aunque sus escritos fueron puestos en el *Indice de libros prohibidos de la Iglesia.*

Otro aspecto de la influencia de la Era de la Razón se puede ver en el campo de la crítica bíblica que entonces se estaba desarrollando. No debe sorprender que la crítica bíblica no fue bienvenida en aquel período. Ricardo Simón (1638-1712), un sacerdote-erudito católico de

Francia, produjo algunos estudios que fueron vehementemente ataca-
dos por la Iglesia. El primero de ellos fue *Historia crítica del Antiguo
Testamento*, publicado en 1678. En 1689 apareció su *Historia crítica del
Nuevo Testamento*.

Ricardo Simón tenía un trasfondo excepcional en varios campos
académicos. Entre ellos estaba el hebreo, el griego, varios otros idiomas orientales y literatura. El no hizo hincapié en la interpretación
bíblica, pero consideró críticamente el texto de la Biblia y las diferentes versiones de la misma que estaban en existencia. Simón aplicó
a la Biblia el análisis crítico que se usaba para examinar otras litera-
turas antiguas. Algo que ilustra la clase de conclusiones que extrajo de
esos análisis es un capítulo en su libro sobre el Antiguo Testamento,
que se titula: "Moisés no pudo ser el autor de todos los libros que se
le atribuyen." Algunas de sus conclusiones crearon una tormenta de
protesta. En especial reaccionó Bossuet, obispo francés y predicador
de la corte de París. Simón fue expulsado de su orden y se confiscaron
y destruyeron las copias de sus libros. Sin embargo, ediciones tra-
ducidas circularon ampliamente fuera de Francia. Algunos creen que
Simón es el verdadero fundador de la crítica bíblica.

Dada la adhesión a su tradición fijada como está representada en
las decisiones y definiciones del Concilio de Trento, la ICR tuvo que
enfrentar en forma creciente las amenazas de la época moderna. Aunque los impulsos hacia una posición más abierta encontrarían su expresión en ocasiones dentro del catolicismo, mucho más frecuentemente esos impulsos serían rechazados como inherentemente peli-
grosos. El modernismo era la amenaza que la Iglesia buscaba evitar a
toda costa.

4. La Revolución Francesa

El fermento intelectual de la Era de la Razón estableció el fundamento para las revoluciones políticas. Esto fue especialmente cierto
de las dos revoluciones más importantes —la estadounidense y la
francesa— que ocurrieron durante el último cuarto del siglo XVIII.
Debido a que la orientación religiosa de las colonias estadounidenses
no era católica, la ICR no tenía nada que perder en la revolución que
acontecía en aquella parte del Nuevo Mundo. La Revolución Francesa, sin embargo, representó una derrota política importante para la
Iglesia de Roma.

En particular, las condiciones económicas habían alcanzado un
estado tan terrible en Francia hacia 1789 que el rey Luis XIV llamó a
una asamblea nacional (los Estados Generales). Las tres clases (Estados) en Francia estarían representadas: el clero, la nobleza y el

Tercer Estado, el de la gente común. Una asamblea semejante no se había reunido por más de doscientos años. En 1789 el propósito fue aconsejar y apoyar al rey en el tratamiento de los problemas agobiantes de la hora. Sin embargo, el Tercer Estado —la gente común— incluyendo a los burgueses —clase media de bancarios, comerciantes, científicos, maestros, etc.— comenzó a presionar para que se incluyera otro asunto: que se reemplazara a la monarquía por un gobierno representativo. Aunque el rey, a regañadientes, dio su aprobación tácita, comenzó a complotar en contra de aquella idea.

La violencia irrumpió el 14 de junio de 1789 (que se convirtió en el día feriado nacional para Francia), cuando una turba atacó la Bastilla, una antigua fortaleza-prisión, y liberó a los prisioneros que estaban allí. Surgió la lucha en otros lugares de Francia a medida que los campesinos tomaban las armas en contra de los antiguos señores feudales. Había comenzado la Revolución Francesa y teóricamente estaría dedicada al ideal de que toda persona tuviera acceso a libertad, igualdad y fraternidad. Estando el Tercer Estado en el control de la asamblea, se tomaron dos resoluciones que reflejaban una actitud antipapal: (1) El repudio de los tributos feudales; (2) la promulgación de la famosa *Declaración de los derechos del hombre.*

La abolición de los tributos feudales llevó a su fin el envío de las anatas al Papa. Una anata era el producto del primer año de un oficio o nombramiento conferido por la Iglesia y era una renta que iba directamente al papado. El clero de Francia fue asimismo afectado, pues los tributos feudales incluían las finanzas para su sostén. Los obispos y aquellos en la jerarquía alta de la Iglesia estaban enojados, mientras que aquellos en el clero inferior estaban menos afectados y creían que ellos tendrían una mayor seguridad al asumir el gobierno la responsabilidad por su sostén. Esto probó ser correcto, pues posteriormente en el año la Asamblea Nacional confiscó las propiedades de la Iglesia Católica en Francia y declaró que los clérigos eran funcionarios del Estado.

La *Declaración de los derechos del hombre* no concedió libertad religiosa, pero permitió que los protestantes tuvieran el derecho de adorar en forma pública. La *Declaración* brindó igualdad de derechos, libertad de prensa y de palabra, tributación representativa y derecho de propiedad. El papa Pío VI (1775-99) condenó el documento. Por ejemplo, el Papa rechazó que los no católicos tuvieran igualdad en el punto de acceder a los oficios municipales, civiles y militares. El artículo 6 de la *Declaración* afirmaba, en parte: "... Todos los ciudadanos, siendo iguales ante los ojos de la ley, son igualmente elegibles a todas las dignidades y a todas las posiciones y ocupaciones públicas, de acuerdo con sus habilidades y sin distinción, excepto la de sus virtudes y talentos".[8] Pío VI rechazó también la idea de que la soberanía gubernamental reside en el pueblo y que el gobierno es responsable ante el pueblo. Igualmente condenó la idea de tolerancia para los no católicos que estaba implícita en el artículo 10 de la *Declaración:* "Nadie será molestado por sus opiniones, incluyendo sus ideas religiosas, siempre que su manifestación no moleste el orden público establecido por la ley."[9]

La protesta papal fue mayormente ignorada, y en mayo de 1790 la Asamblea adoptó la *Constitución civil del clero;* al hacerlo, eliminó todo tipo de control papal de la Iglesia en Francia. En efecto, esto subordinó completamente la ICR al gobierno. Al procurar poner esta decisión en la práctica, la Asamblea requirió que los clérigos hicieran un juramento de lealtad a la ley y a la constitución. Esto dividió grandemente a la Iglesia Católica en Francia, porque sólo cuatro de 135 obispos la aceptaron; y, del resto del clero, menos de la mitad hizo el juramento. Algunos de los que no lo aceptaron dejaron Francia, otros fueron forzados al exilio y otros fueron encarcelados.

La Asamblea dio otro paso importante en 1790 en contra de la ICR en Francia. Cierto tiempo antes que comenzara la Revolución Francesa, algunos habían percibido la necesidad de reforma en el monasticismo. En efecto, la Asamblea clausuró las órdenes monásticas, declarando que los votos tomados antes de 1789 quedaban suspendidos y que no se permitiría a nadie más ingresar en las casas monásticas. Se animó a los monjes a dejar los monasterios; aquellos que aceptaban recibieron buenas pensiones por hacerlo. Los sacerdotes y obispos debían ser elegidos por el voto del pueblo, incluyendo a los no católicos a quienes se permitía votar.

La Constitución adoptada por la Asamblea Nacional en 1791 permitía una monarquía limitada. Esto ponía al rey en una posición muy debilitada, quedando limitado a aquellas actividades que tenían aprobación popular. La Asamblea cumplió de ese modo con uno de sus propósitos, que era reducir el poder de la monarquía. Otro propósito lo cumplió al debilitar el poder y la posición de la ICR, concediendo libertad a todos los grupos religiosos. La promulgación de la Constitución de 1791 no produjo mucha estabilidad real en el país.

La situación en Francia trajo un período de mucha desconfianza. La Iglesia Católica dividida en el país se convirtió en el foco de un sentimiento antirreligioso muy general. Hacia fines de 1792 se estableció

---

[8] Clyde L. Manschreck, ed., *A History of Christianity,* tomo 2: The Church from the Reformation to the Present (Grand Rapids: Baker Book House, 1964), p. 328.

[9] *Ibíd.*

una nueva asamblea, que se conoció como la Convención Nacional. Su primera decisión fue declarar el establecimiento de Francia como una república y abolir la monarquía. El rey Luis XVI fue ejecutado en enero de 1793. De esa forma, comenzaron en Francia los dos años infames conocidos como "Reino del Terror". Entre otras cosas, la Convención reflejó un fuerte sentimiento antirreligioso. La Convención denigró a su propia Iglesia constitucional y básicamente abolió por ley el cristianismo. Se propuso un nuevo calendario, basado en una semana de 10 días, a fin de quitar toda referencia al cristianismo. La adhesión a la fe cristiana ahora era voluntaria; lo que era oficial era una Religión de la Razón, en una cultura que intentaba ser secular por su propia decisión. Los edificios de las iglesias se convirtieron en "templos de la Razón". La resistencia a estas decisiones aumentó, tanto en Francia como en los Estados vecinos, y la Convención Nacional fue disuelta en 1794.

La Convención Nacional fue seguida por una administración ejecutiva llamada Directorio. Aunque aun era antirreligiosa en su posición gubernamental, sin embargo se afirmó la libertad religiosa. No se requirió más el juramento de lealtad a la *Constitución civil del clero*. El catolicismo experimentó un resurgimiento, pero todavía estaba muy dividido entre aquellos de posición ultramontana y los de tendencia galicana.

El Directorio estableció la guerra fuera de Francia por medio de sus generales, uno de los cuales era Napoleón Bonaparte. De esa forma se exportó la Revolución por medios violentos. En 1797, durante una de sus campañas en Italia, Napoleón obligó al papa Pío VI a ceder una parte de los Estados Papales a una república títere en el norte de Italia. En 1798 Francia, temiendo que la presencia continuada del Papa en Roma pudiera debilitar su propio poder en la región, apresó a Pío VI y lo envió a Francia. Este murió allí en 1799. Fue sucedido por el cardenal Chiarmonte, que tomó el nombre de Pío VII.

En el mismo año en que murió Pío VI (1799) Napoleón Bonaparte, por medio de un golpe de Estado, llegó a ser el poder político supremo en Francia. Como otros líderes políticos antes que él en otros lugares, Napoleón estaba ansioso por solucionar el problema religioso, de modo que él pudiera gobernar en un ambiente políticamente más estable. Napoleón, reconociendo el poder del sentimiento católico en Francia tanto como en otras partes de Europa —sobre las cuales deseaba reinar como un emperador—, trabajó para alcanzar un acuerdo con la ICR. En cierto sentido él adoptó un enfoque ultramontano, pues presentó sus ideas para un arreglo al Papa. Pronto se alcanzó un acuerdo entre Napoleón y Pío VII, con la promulgación del Concordato en 1801 ("concordato" es un término técnico para designar un acuerdo entre el Papa y un gobierno sobre asuntos eclesiásticos).

Aparentemente, el Concordato de 1801 parecía dar una ganancia importante al prestigio papal en Francia. El catolicismo romano fue reconocido como la religión mayoritaria en Francia; los juramentos para el clero fueron formalmente abolidos. Aunque las propiedades confiscadas a la Iglesia permanecieron bajo la propiedad y el control seculares, se prometió apoyo financiero para la Iglesia Católica y los clérigos serían sostenidos con fondos estatales. El gobierno francés nombraría a los obispos, pero el Papa se guardó el derecho de instalarlos. Al publicar el Concordato en Francia, Napoleón lo hizo junto con un documento del cual Pío VII no estaba advertido. El documento acompañante se llamaba "Artículos Orgánicos", una serie de reglas administrativas para interpretar el Concordato, pero que realmente cambiaban el carácter del mismo. Por ejemplo, los "Artículos Orgánicos", entre otras cosas, realmente hacían que todas las religiones fueran iguales en Francia y las dejaba sujetas a la autoridad del Estado. Ningún representante papal podía entrar a Francia sin permiso del gobierno; tampoco las decisiones de la ICR —tales como los decretos de los Concilios— podían ser publicadas y circular en Francia sin tener primero el permiso del Estado. Además, los "Artículos Orgánicos" declaraban que los Cuatro Artículos Galicanos de 1682 debían ser enseñados en todos los seminarios franceses.

Fue en este punto que el papa Pío VII se endureció en su oposición a Napoleón; como reacción, Napoleón afirmó más su poder. Pío VII accedió a ir a París en 1804 para la coronación de Napoleón, comenzando así el imperio de éste. En la ceremonia, Napoleón tomó la corona de las manos del Papa y la puso sobre su propia cabeza, afirmando simbólicamente su propio poder sobre los Papas. Pío VII rehusó conceder a Napoleón la anulación de su matrimonio con Josefina Beauharnais, aunque los miembros de la jerarquía católica francesa sí lo hicieron. El pueblo también rechazó unirse al bloqueo que Napoleón había instigado en contra de Inglaterra. El emperador se vengó tomando y anexando los Estados Papales a su Imperio Francés. La respuesta de Pío VII fue la excomunión de Napoleón.

En julio de 1809 el Papa fue arrestado y sacado de Roma. Pío VII, quien tenía setenta años de edad y sufría de varias enfermedades, fue tomado cautivo y llevado a Francia donde estuvo cinco años preso. Mientras tanto, el poder de Napoleón estaba en su apogeo en 1810. Pero como resultado de derrotas militares que siguieron en rápida sucesión, su gran poder se erosionó rápidamente. En 1814 el Senado francés proclamó la deposición de Napoleón e instituyó un nuevo gobierno, con Tallyrand como presidente. Una de las últimas acciones de Napoleón como emperador fue la orden de liberar al papa Pío VII y su regreso a Roma. Pío VII regresó con el papado en más alta es-tima en partes de Europa que lo que había tenido desde el comienzo de la Reforma. Una de las primeras decisiones del Papa después de regresar a Roma fue la restauración de la Sociedad de Jesús, en agosto de 1814. Aquello que la ICR experimentó como resultado de la Revolución Francesa sólo sirvió para validar, en su propio pensamiento, el peligro de las nuevas filosofías y teorías políticas que se habían divulgado por medio de los pensadores de la Ilustración, que habían surgido de la Era de la Razón. La Iglesia de Roma fortaleció su oposición a todas las formas del modernismo. Algo que probó ser afirmativo para la ICR — en su retirada del mundo moderno— fue el surgimiento del Romaticismo, que tendió a valorar aquello que era antiguo. A medida que disminuía su influencia sobre los estados políticos, la ICR podía afirmar cierto grado de prestigio como un poder religioso. Al mismo tiempo, salió de las pruebas y las tragedias de la Revolución Francesa dirigiendo una nueva ola de ultramontanismo y, de esa forma, una renovada exaltación del papado.

CONCLUSION

Todo tendía a ser paradójico (luchas, obstáculos, dificultades abrumadoras). Todas esas cosas parecían tener el poder de debilitar y producir fragmentación, o la capacidad para fortalecer y unificar. Como se ha señalado, el período que siguió al Concilio de Trento y que conducía al siglo XIX, fue una etapa volátil para el cristianismo en general y para la ICR en particular. La Iglesia Católica sufrió y experimentó una pérdida de poder en varias áreas de la sociedad en las diferentes naciones de Europa. Pero la Iglesia hizo más que simplemente sobrevivir. Fue capaz de definir a su principal enemigo en términos claros, y ese enemigo era el modernismo. La Iglesia continuaría enfrentando y dando batalla a nuevas teorías y conceptos durante el siglo XIX. Por medio del Concilio Vaticano I en 1870 definiría mejor su propia base de autoridad y exaltaría el ultramontanismo a través de la afirmación de la doctrina de la infalibilidad papal. El próximo capítulo considerará esos temas dentro de aquel nuevo contexto.

8

EL CONCILIO VATICANO I Y EL RESTABLECIMIENTO DE LA AUTORIDAD

INTRODUCCION

En la historia de la ICR el evento dominante del siglo XIX fue el Concilio Vaticano I (1869-70), que marcaría el triunfo del ultramontanismo; es decir, el triunfo de la supremacía y la autoridad papales. El oficio del papado sería reafirmado como el centro de unidad dentro de la ICR. La Iglesia Católica en otras partes del mundo reconocería la necesidad y la obligación de buscar en Roma las respuestas últimas. El papado dentro de la Iglesia emergería más fuerte que nunca.

Sin embargo, en el proceso de renovar la afirmación de la autoridad papal, la Iglesia fue forzada a tratar ofensiva y defensivamente con amenazas continuas a aquella autoridad; esto se puede representar con el modernismo de fuera y el liberalismo católico de dentro. Este capítulo considera los asuntos relacionados con esas continuas batallas del siglo XIX y las ganancias y pérdidas que resultaron.

EL PRELUDIO AL CONCILIO VATICANO I

Aunque el Concilio Vaticano I representa la cúspide de los avances católicos durante el siglo XIX, la llegada a ese punto constituyó un proceso significativo.

1. Ganancias y pérdidas en el siglo XIX

Algunos historiadores católicos se refieren a todo el siglo XIX como un período nuevo de avivamiento para la ICR. Esta experimentó una vitalidad renovada en sus empresas misioneras. Debido a la tremenda expansión geográfica del cristianismo en el siglo XIX, se lo conoció como "el gran siglo", tanto entre los protestantes como entre los católicos. Como se indicó en el capítulo anterior —con el aumento de la secularización en Europa— el papado comenzó a surcar una ola de nuevo ultramontanismo dentro del catolicismo, con el Papa ejercien-

do una dirección espiritual más bien que el papel asumido de poder
sobre las autoridades políticas. En los países predominantemente protestantes se concedió más tolerancia a la Iglesia Católica. Por ejemplo,
en Inglaterra se habían negado muchos derechos básicos para los
católicos ingleses desde la época de la reina Elisabet, la cual había sido
excomulgada de la ICR en 1570. En 1815 comenzaron las discusiones
entre los representantes papales de Pío VII y las autoridades inglesas,
con el propósito de restaurar esos derechos a los católicos ingleses.
Hacia 1829, durante el papado de León XII, casi todos aquellos derechos habían sido restablecidos. Ciertamente, comparado con luchas
anteriores en muchas áreas de su existencia, el siglo XIX fue una época
mejor para la ICR.

Un aspecto del avivamiento que algunos afirmaban que estaba
ocurriendo fue el surgimiento del "romanticismo", que se expresó en
diversos centros culturales. El avivamiento del romanticismo fue particularmente influyente en la Iglesia Católica desde 1800 hasta 1850; el
mismo representó una reacción general al racionalismo de la Ilustración y de la Era de la Razón. Apeló al vacío interior que muchos
sentían dentro de sí, pues el enfoque racionalista de la vida parecía
crear más problemas que los que prometía resolver. En los círculos católicos representaba un llamado a regresar a la fe y la seguridad de la
Iglesia.

Uno de los más importantes de los romanticistas católicos fue el
francés Chateaubriand (1768-1848). En la era revolucionaria él rechazó muchos de los excesos de lo que consideró un racionalismo fracasado. Habiendo dejado la Iglesia en una oportunidad, regresó al catolicismo romano en 1798. En 1802 publicó una obra en cinco tomos titulada *Genio del cristianismo*. Esta obra fue leída ampliamente y fue
utilizada por la Iglesia como una defensa del cristianismo y el catolicismo. Para Chateaubriand el cristianismo tenía que ser verdadero
porque era muy hermoso y porque satisfacía las necesidades humanas más profundas.

A pesar de lo que muchos llamarían un período de avivamiento,
los problemas para la ICR persistieron. La mentalidad del racionalismo y de la Ilustración no desaparecieron. Fue durante ese mismo siglo
XIX que la ICR perdió los Estados Papales; éstos consistían en una
área de tierra apreciable en el centro de Italia, que había estado bajo el
control político del papado desde por lo menos el siglo VIII. La efectividad de la administración política de ésta área por el Papa a veces
había sido fuerte y efectiva, pero durante otros períodos había sido
débil y fue usurpada por otros poderes políticos.

En 1809 Napoleón había tomado y anexado los Estados Papales a
sus propios territorios. En 1814 el Congreso de Viena había restaura-

do esas tierras al papado. Sin embargo, por esa época había mucha insatisfacción en muchos círculos de Italia en cuanto a la falta de efectividad de la Iglesia en la administración de esas tierras. Sólo se permitía que los clérigos de la ICR gobernaran los Estados Papales y, de esa forma, muchos ciudadanos llegaron a resentir la intrusión de la autoridad temporal por parte de aquellos que ya tenían autoridad espiritual sobre ellos. El liberalismo de la Ilustración y el nacionalismo emergente se combinaron para hacer que muchos —en diferentes partes de Europa tanto como en Italia— buscaran la abolición de los poderes temporales del papado.

Cuando Pío IX se convirtió en Papa en 1846, había gran esperanza de que se pudieran resolver los problemas relacionados con los Estados Papales. Los europeos creían que Pío IX podía ser justamente aquel que liberara y modernizara el gobierno de los Estados Papales. Sin embargo, se produjo una revolución en Italia en 1848 y el temor de la anarquía hizo que el Papa cambiara hacia una posición política más rígida, por la que el papado no estaba dispuesto a perder lo que creía eran sus derechos a poseer y administrar aquellas tierras. Aunque esa era la teoría formulada por Pío IX, la realidad de la situación era que la revolución resultó en una forma de unificación italiana. En el proceso el papado perdió la mayoría de su territorio, con la excepción de la ciudad de Roma y algo del área que la rodeaba. La ciudad de Roma sería finalmente quitada del control papal en 1870, cuando Pío IX fue obligado a rendir la ciudad y a considerarse un prisionero en el Vaticano.

El nuevo gobierno italiano, a los efectos de considerar la "cuestión romana" (¿qué hacer con el Papa?), en 1871 promulgó la Ley de Garantías, que brindaba al Papa los privilegios y las inmunidades generalmente conferidas a los reyes. Igualmente, para compensar al papado por la pérdida de ingresos por la entrega de los Estados Papales, se dieron al Papa ciertas dádivas financieras anuales. Pío IX y los Papas posteriores repudiaron la Ley de Garantías como ilegal, porque había sido promulgada en forma unilateral; el Papa no había participado en formularla ni había estado de acuerdo. El Papa no estaría de acuerdo en que él era un súbdito italiano. A la luz de la acción tomada por el gobierno italiano, el papa Pío IX decretó que se pidiera a los católicos que no participaran en las elecciones, ni como candidatos ni como votantes. El papa León XIII, en 1886, cambiaría el pedido de Pío IX para que fuera un mandato. No sería hasta poco antes del comienzo de la Primera Guerra Mundial que la Iglesia Católica daría permiso oficial a los católicos para que votaran en la mayoría de las áreas de Italia. Además, la "cuestión romana" no sería finalmente resuelta sino hasta 1829. En ese año, el gobierno fascista de Mussolini abolió la Ley de Garantías y estableció con la Iglesia el Tratado Laterano, que establecía que la Ciudad del Vaticano era un estado oficial, y así es considerado por la mayoría de las naciones del mundo. Está dentro de la ciudad de Roma y tiene sólo 44 hectáreas.

2. El problema del catolicismo liberal

Durante el siglo XIX la reacción desde la posición del papado en contra de la amenaza que se percibía del "modernismo" fue bastante fuerte. Algunos dentro de la Iglesia Católica estaban ansiosos por apropiarse de lo que creían era lo mejor de la era revolucionaria y su énfasis sobre el pensamiento moderno y racionalista. Sin embargo, a comienzos del siglo, el papa León XII (1823-29) manifestó una fuerte hostilidad hacia los modernistas, y especialmente hacia los protestantes y el creciente movimiento de las Sociedades Bíblicas. León XII rotuló a las traducciones protestantes de la Biblia como "el evangelio del diablo". Asimismo, dijo que "todos aquellos separados de la Iglesia Católica —aunque puedan ser sin culpa en otros aspectos de la vida— debido a esta sola ofensa, están separados de la unidad de Cristo y no tienen parte en la vida eterna; la ira de Dios está sobre ellos".[1] La retórica de León XII no sería atípica de aquella que halló expresión en las declaraciones de otros Papas durante el siglo XIX.

Como ya se ha indicado, por mucho tiempo antes del siglo XIX la experiencia de la Iglesia Católica en Francia había servido como una clase de medida para determinar el estado de la vitalidad y la influencia del catolicismo en el mundo moderno. La Iglesia Católica había sobrevivido la Revolución Francesa y los intentos de Napoleón por controlarla. La influencia moral del papado parecía revitalizada por la posición fuerte tomada por el papa Pío VII al enfrentar las amenazas de Napoleón. Es en Francia, nuevamente, que la Iglesia Católica enfrentó un nuevo momento de definición. La situación que lo hizo necesario fue el surgimiento del "catolicismo liberal".

La situación política en Francia luego del período napoleónico condujo a la restauración de la monarquía en 1824 y, con la cooperación de la Iglesia Católica, al deseo de dar un carácter prerrevolucionario a la nación. Ese intento de movimiento hacia atrás, sin embargo, resultó en una gran resistencia y fue seguido por lo que se conoce como la "Revolución de Julio", en 1830. El rey Carlos X fue reemplazado como monarca por Luis Felipe, en un intento definido de tener un líder nacional más abierto al mundo moderno. Asimismo, desde una pers-

---

[1] Citado en Bill R. Austin, *Austin's Topical History of Christianity* (Wheaton, IL: Tyndale House Publishers, Inc., 1983), p. 433.

pectiva religiosa, esto era un intento evidente de ganar nuevamente la influencia —que una vez había sido negada— de la religión católica tradicional en Francia. Se pusieron contra la Iglesia nuevas reducciones, tales como un presupuesto eclesiástico reducido, la expulsión de las órdenes religiosas y la abolición de los capellanes militares.

Es en ese punto que surge el catolicismo liberal, el que puede ser interpretado como un intento de dar a los católicos en Francia —y por lo tanto a los católicos en otros países donde no estaba más relacionado con el Estado— nuevas posibilidades para una existencia vital y viable. El surgimiento y desarrollo del catolicismo liberal toma lugar bajo del liderazgo del sacerdote francés Hugues-Felicite Robert de Lamennais (1782-1854). El estaba muy profundamente influido por la Ilustración, pero, sin embargo, se entregó en servicio a la Iglesia Católica por un período importante de tiempo.

Es interesante que Lamennais defendió la autoridad y la infalibilidad papales. De acuerdo con Lamennais, el Papa tenía un papel que era muy importante, pero ese papel debía acomodarse al mundo moderno. La autoridad y la infalibilidad se relacionarían con la interpretación del evangelio y la salvaguarda de los hijos de Dios. De modo que este francés era ultramontano en lugar de galicano, porque temía que las iglesias nacionales —aquellas relacionadas directamente con el Estado— podían ser controladas por el gobierno secular, mientras que la Iglesia universal bajo el Papa sería guiada sólo por su autoridad.

En 1830, Lamennais y algunos de sus seguidores comenzaron a publicar un periódico llamado *L'Avenir* (El futuro), por medio del cual fueron expresadas y desarrolladas algunas de las ideas que caracterizaron al catolicismo liberal. Por ejemplo, L'Avenir publicó la forma especial de ultramontanismo y autoridad papal que defendía Lamennais. Los católicos liberales defendieron la democracia y el concepto de la separación entre la iglesia y el Estado. Se estableció que la libertad religiosa era un ideal; ellos reflejaron una tendencia general a aceptar las ideas liberales que eran corrientes en una manera ciertamente desprejuiciada.

Estas actividades e ideas de Lamennais y sus asociados produjeron bastante revuelo en Francia, hasta el punto de que Lamennais y un colega fueron arrestados. Fueron absueltos, pero el acoso a ellos y a su trabajo continuó. Lamennais, muy seguro en cuanto a que sus ideas eran beneficiosas a la Iglesia Católica y al papado, apeló al Papa para que apoyara sus criterios y actividades dentro del contexto de Francia. En este aspecto, él probó ser bastante ingenuo. Lamennais fue a Roma; allí le tuvieron esperando mucho tiempo, lo que hizo que se desanimara bastante. Finalmente, pudo tener una entrevista con el papa Gregorio XVI, la que fue muy insatisfactoria. La decisión en cuanto a su apelación sólo llegó después de que Lamennais había dejado Roma.

En 1832 Gregorio XVI promulgó la encíclica papal *Mirari Vos*. Este documento, aunque afirmando el concepto del ultramontanismo, condenó en su totalidad las ideas de Lamennais sobre el catolicismo liberal. Lamennais fue aplastado por la decisión. Pronto dejaría la Iglesia y se convertiría en uno de sus críticos más severos. Así, el nuevo momento de definición para la ICR ocurrió en Francia y en el asunto de Lamennais; allí la ICR identificó al modernismo una vez más como su enemigo y reafirmó su oposición al racionalismo y las nuevas ideas y conceptos que formaban la perspectiva del mundo moderno. Las ideas del catolicismo liberal, sin embargo, no morirían aún. Pero para la época —el siglo XIX—, como un movimiento en desarrollo había sido grandemente debilitado.

3. El papa Pío IX

El Papa más grande del siglo XIX fue Pío IX. Tuvo un período extenso como Papa, desde 1846 hasta 1878, el primero cuyo reinado superó los veinticinco años tradicionales adscriptos por los católicos romanos a Pedro como el primer Papa. Pío IX llegó al papado en medio de grandes esperanzas y expectativas de parte de muchos, que él pudiera ser un puente sobre la brecha entre el catolicismo tridentino y el mundo moderno. Algunos consideraban que él tenía tendencias liberales que capacitarían a la Iglesia Católica para ser más acomodaticia y menos antagonista con las expresiones culturales de su época. Éste no fue el caso. Pío IX fue muy conservador durante su etapa como Papa.

Antes de llegar a ser Papa, Pío IX había servido bien a la Iglesia y con distinción. Había sido sacerdote y estuvo envuelto en una misión a Chile (1823-25). Antes de su elección al papado, fue obispo de Imola y había servido seis años como cardenal. Su predecesor, el papa Gregorio XVI, no había sido popular con el pueblo italiano por su manejo duro del problema de los Estados Papales. Cuando Gregorio XVI murió en 1846, Pío IX fue elegido en parte porque había ganado algo de reputación como un liberal en la política; se creía que él sería capaz de tratar efectivamente con la cuestión de la unificación italiana. No probó ser este el caso.

Después de convertirse en Papa, Pío IX concedió una amnistía general a los prisioneros políticos y a los exiliados de los Estados Papales. Sin embargo, pronto advirtió que los políticos liberales lo habían traicionado al demandarle más de lo que él podía dar. De esa forma Pío IX comenzó a moverse en una dirección más conservadora a medida que aumentó su desconfianza del liberalismo. Comenzó a parecerse a Gregorio XVI en su actitud hacia los Estados Papales y, como ya se ha señalado, últimamente fue Pío IX el que vio cómo se los quitaban. Al perder la mayoría de su poder temporal, el papa Pío IX cambió también hasta el punto de reflejar una posición teológica fuertemente conservadora en oposición al modernismo.

El papa Pío IX ha sido evaluado como uno de los Papas más grandes en la historia de la ICR en cuanto a sus logros espirituales y eclesiásticos. Generalmente se considera que fue un visionario, muy competente, y una persona de integridad incuestionable. Debido a la situación política en Italia y en otras partes de Europa sobre las cuales Pío IX tomó posición, agregado a la mejoría en las posibilidades de viaje a Roma por mayor cantidad de fieles católicos y la toma de decisiones significativas que afectaron al catolicismo —incluyendo el llamado del primer concilio general desde Trento— Pío IX se convirtió quizá en el primer Papa que se considera como una persona de importancia verdaderamente mundial.

4. El dogma de la Inmaculada Concepción de María

El papa Pío IX tomó seriamente su papel como maestro de la ICR. Ciertamente, es en su cumplimiento del oficio de enseñanza del papado que él dejó su mayor legado al catolicismo. En relación con esto es interesante que tres hechos principales de su papado, muy significativos en cuanto a la doctrina católica, ocurrieron un 8 de diciembre en tres años diferentes: en 1854 su definición de la doctrina de la Inmaculada Concepción; en 1864 la promulgación del "Sílabo de Errores"; y en 1869 proclamó la apertura del Concilio Vaticano I.

La cuestión de la inmaculada concepción de la virgen María no era nueva en el siglo XIX. Tan temprano como en el siglo XII, los escolásticos habían formulado la pregunta: "¿Significa la inmunidad de María del pecado que ella fue concebida sin pecado (inmaculada concepción)? El asunto se había debatido durante los siglos que siguieron hasta el siglo XIX. Por ejemplo, Bernardo de Clairvaux (1090-1153), alguien profundamente devoto de la importancia de María para la Iglesia, no estaba de acuerdo con la doctrina de la inmaculada concepción. Para Bernardo era suficiente afirmar que ella fue santificada en el vientre de su madre y permaneció impecable a lo largo de su vida. Otros en la ICR y cada vez más de ellos, abogarían por la doctrina. De esa forma había sido una cuestión debatida por varios siglos. Finalmente, sería Pío IX quien produciría la definición dogmática oficial en 1854.

Había habido un fluir permanente de peticiones y reclamos a los Papas por muchos años para que la Inmaculada Concepción fuera una definición de fe. Estos pedidos aumentaron a partir de 1830. En ese año se había informado de una "visión" de la virgen María en París. La visión llegó con un mensaje escrito: "Oh María, *concebida sin pecado,* ora por nosotros que hemos acudido a ti." Este era el reflejo de una devoción popular a María que estaba en aumento y que se estaba desarrollando dentro de la ICR. De modo que si Pío IX daba una posición oficial a la doctrina de la Inmaculada Concepción, esto sería bastante popular en muchos círculos de la Iglesia. También le brindaba una oportunidad para afirmar su autoridad en el área de la doctrina.

El Papa nombró una comisión de teólogos para estudiar de nuevo el asunto. Se requirió que los obispos de la Iglesia dieran su consejo sobre este tema. Las respuestas, tanto de los teólogos como de los obispos, fueron entusiastas para que se promulgara la doctrina. Aunque Pío IX invitó a los obispos a Roma para el anuncio formal, declaró el dogma sobre la base de su sola autoridad como Papa. De esa forma estaba afirmando el reclamo tradicional de infalibilidad papal, en que el Papa habla en su carácter de maestro de la Iglesia sobre un tema de fe y moral; un reclamo que un poco más tarde llegaría a ser dogma por sí mismo en el Concilio Vaticano I. En esta ocasión, el 8 de diciembre de 1854, el papa Pío IX hizo claro que cualquiera que disintiera de la definición de la Inmaculada Concepción estaba en el error y excluido de la ICR. Por un decreto oficial, el papa Pío IX declaró la doctrina en estas palabras:

> Pronunciamos, declaramos y definimos... que la doctrina que afirma que la bendita virgen María, *desde el primer instante de su concepción,* por una gracia y privilegio singulares del Dios todopoderoso —en vista de los méritos de Jesucristo el Salvador de la humanidad— *preservada libre de toda mancha del pecado original,* fue revelada por Dios y ha de ser, por ello, creída firme y constantemente por todos los fieles.[2]

Pío IX, al declarar el dogma de la Inmaculada Concepción, puso además a la ICR en contra de las olas emergentes del racionalismo, liberalismo y modernismo. Su definición fue promulgada contra el trasfondo de una época que sospechaba de lo sobrenatural y que frecuentemente consideraba que lo milagroso no era nada más que superstición.

5. El Sílabo de Errores

Pío IX, que había comenzado su reinado papal con mucha gente

---

[2] Clyde L. Manschreck, ed., *A History of Christianity*, tomo 2: The Church from the Reformation to the Present (Grand Rapids: Baker Book House, 1964), p. 372.

pensando que él podía acomodar a la ICR al mundo moderno, lo finalizaría con un sello indeleblemente conservador de su papado. Su declaración de la Inmaculada Concepción produjo poca controversia en comparación con la promulgación del Sílabo de Errores diez años más tarde, en 1864. Esta acción produjo un revuelo en los círculos políticos e intelectuales en todas partes, entre católicos y no católicos por igual. Muchos consideraron al Sílabo como una declaración de guerra contra el mundo moderno. Los católicos liberales fueron completamente desilusionados con el mismo y se encontraron aun más alejados de lo que consideraban como un ultraconservatismo que controlaba a la Iglesia.

El Sílabo de Errores no contenía realmente mucho que fuera nuevo. En esencia, consistía de "errores" que el Papa ya había condenado en una colección de declaraciones y documentos en un período de más de quince años. Pero había llegado la ocasión que le parecía correcta para ponerlos en forma de colección. Cuando todo está junto en el Sílabo hay un impacto pleno de dureza y de aparente falta de disposición para aceptar algo que sea moderno. Los ultraconservadores estuvieron de acuerdo con el Sílabo porque reforzaba sus propios enfoques. Los católicos liberales y los obispos de los países y áreas no católicos estaban avergonzados por el Sílabo y buscaban minimizar su importancia.

En el Sílabo, Pío IX hizo una lista de aquello que declaró eran ochenta afirmaciones y creencias erróneas afirmadas por la Sociedad Moderna. Por ejemplo, el error número dieciocho es la creencia que "el protestantismo es nada más que otra forma de la misma religión cristiana verdadera, en la cual es posible estar igualmente agradando a Dios como en la Iglesia Católica". [3]

Entre las declaraciones que están en la lista como errores, hay algunas muy controversiales que tienen que ver con asuntos como la educación en las escuelas públicas y la separación entre la iglesia y el Estado. Por ejemplo, en relación con las escuelas públicas, el Sílabo afirma como erróneo:

> 47. La mejor teoría de la sociedad civil requiere que las escuelas populares estén abiertas a los niños de todas las clases y, generalmente, que todos los institutos públicos diseñados para la instrucción en letras y filosofía, y conducentes a la educación de la juventud, sean libres de toda autoridad, gobierno e interferencia eclesiástica, y deben estar plenamente sujetos al poder civil y político, en conformidad con la voluntad de los gobernantes y las opiniones prevalecientes de la época.

---

[3] *Ibíd.*

48. Este sistema de instruir a la juventud, que consiste en separarlos de la fe
católica y del poder de la Iglesia, y en enseñarles exclusivamente, o por lo
menos principalmente, el conocimiento de las cosas naturales y de los fines
terrenales de la vida social sola, pueda ser aprobado por los católicos.[4]

En cuanto a la iglesia y el Estado, el Sílabo indica en el número 55
que la idea que "la Iglesia debe ser separada del Estado, y el Estado
de la iglesia" es un error.[5] Asimismo, la cita por la ICR de los siguientes conceptos siendo un error fue percibida por el mundo fuera
como siendo antimodernos y bastante controversiales:

76. La abolición del poder temporal, el cual posee la Sede Apostólica, con-
tribuirá en el grado más alto a la libertad y la prosperidad de la Iglesia.
77. En el día actual, ya no es oportuno que la religión católica sea sostenida
como la única religión del Estado, excluyendo a todas las otras formas de
adoración...
80. El pontífice romano puede y debe reconciliarse, y estar de acuerdo con el
progreso, el liberalismo y la civilización como se ha introducido últimamente.[6]

De este modo, al declarar que estos conceptos en la lista del Sílabo
eran erróneos, el papa Pío IX estaba implicando que justamente lo
opuesto era realmente verdadero desde la perspectiva de la ICR. La
definición del dogma de la Inmaculada Concepción, el Sílabo de Errores y las decisiones del Concilio Vaticano I, son indicativas del intento de parte del papa Pío IX de reafirmar la autoridad papal y reflejar
la tradición del Concilio de Trento del siglo XVI.

EL CONCILIO VATICANO I (1869-70)

1. El trasfondo inmediato

En 1864 el papa Pío IX dio a conocer su deseo de llamar a un concilio general de la ICR. Sería el primer concilio de tal magnitud desde
aquel de Trento, unos 300 años antes. En ese año Pío IX había pulsa-
do la actitud de muchos obispos y había ganado su apoyo entusiasta
para una reunión como aquella. En forma inmediata se nombró una
comisión para comenzar el planeamiento y la preparación de una
agenda. La preparación para el Concilio Vaticano I (en realidad, simplemente conocido como el Concilio Vaticano hasta que hubo un
segundo en el siglo XX) fue tan bien hecha que, cuando efectivamente
se reunió, pudo lograr mucho en un tiempo relativamente breve.

---

[4] *Ibíd.*, p. 373.
[5] *Ibíd.*
[6] *Ibíd.*, p. 374.

Aunque otros estaban involucrados en los preparativos, la mano guiadora de Pío IX estaba siempre presente. En todo sentido sería su concilio. Por ejemplo, sólo el Papa —como presidente del concilio— tenía el derecho de introducir los temas para discusión. Las "reglas de juego" estaban tan bien establecidas que, cuando el Concilio Vaticano comenzó sus reuniones, algunos obispos se quejaron diciendo que su propia libertad de acción se había limitado.

El Concilio Vaticano I fue inaugurado por Pío IX el 8 de diciembre de 1869. Tuvo cuatro sesiones principales, hasta que se consideró que su trabajo se había completado; el Concilio terminó el 18 de julio de 1870. Fue el primero de los concilios católicos romanos que tuvo una asistencia de obispos que representaban una gran diversidad geográfica. Los viajes por vapor y ferrocarril hicieron posible que la reunión tuviera una atmósfera "mundial". Hubo más de 700 obispos que asistieron, convirtiéndose de ese modo en la reunión más grande de ese tipo y hasta esa época en la historia de la ICR. También fue el primero de los concilios en ser libre de influencias externas y, a veces, del control de los gobernantes temporales. Esto era indicativo del hecho que la ICR había perdido su propia posición como una influencia fuerte sobre los estados seculares. El nuevo orden mundial de la época, desde la perspectiva secular, tendía a ignorar o ser indiferente hacia el concilio.

Para el papa Pío IX y para muchos otros dentro del catolicismo, era sumamente importante que se llevara a cabo un concilio como ese. El propósito del Concilio de Trento había sido que la Iglesia Católica se redefiniera al enfrentar las "herejías" protestantes del siglo XVI. En la década de 1860 la Iglesia tenía la necesidad de redefinirse al enfrentar las nuevas herejías. Entre ellas estaba el *racionalismo,* con su creencia en la suficiencia de la razón sin la fe, y el *panteísmo,* con su énfasis en que Dios está presente en la naturaleza y no necesita ser buscado fuera de la misma. Sin embargo, la Iglesia no sólo necesitaba enfrentar estas clases de amenazas que venían de afuera. Pío IX y otros estaban convencidos de que dado que el liberalismo se había expresado "dentro" de algunos círculos de la Iglesia, existía también la necesidad de que la Iglesia reafirmara la autoridad del Papa.

En realidad, el tema de la autoridad papal había sido la razón detrás de la declaración por Pío IX de la Inmaculada Concepción y el Sílabo de Errores. El ya había actuado *aparte de los obispos* al declarar como dogma la Inmaculada Concepción; es decir, una "verdad" (infalible) que debe ser creída por todos los católicos fieles. Asimismo, el Sílabo de Errores presentaba al Papa como aquel que puede legislar autoritativamente al determinar qué es verdad y qué es error. De este modo, contra un trasfondo de esta clase de autoridad asumida, que ha sido popular y tradicionalmente sostenida por muchos católicos a lo largo de los siglos, Pío IX llamó a un concilio que declararía una posición oficial de la Iglesia sobre la primacía y la infalibilidad papales.

2. Condenación de la herejía y reafirmación de la fe

El Concilio Vaticano I no tardó mucho tiempo en llegar a un acuerdo en cuanto a condenar varios aspectos del modernismo, tales como el racionalismo y el panteísmo mencionados con anterioridad. El Concilio lo hizo por medio de un documento titulado *Dei Filius*. Además de las cosas que condenaba —siguiendo la guía anterior de Pío IX al declararlos errores— el Concilio, por medio de este documento, buscó afirmar la religión cristiana, pues algunos fuera de la fe habían cuestionado las afirmaciones del cristianismo. *Dei Filius* reafirmó en forma elocuente el carácter de la revelación cristiana como único, exclusivo y sobrenatural. Los cuatro capítulos de *Dei Filius* tratan: (1) La existencia de un Dios personal y la posibilidad de que ese Dios sea conocido; (2) la necesidad de la revelación divina; (3) la naturaleza de la fe; y (4) la relación entre la fe y el conocimiento.

3. Decisión sobre la primacía del Papa

Aunque el resultado final nunca estuvo en duda, el Concilio tomó más tiempo para considerar los asuntos de la primacía o jurisdicción del Papa y la infalibilidad papal. En el asunto de la primacía papal, el foco estaba en la esfera de la jurisdicción real del Papa. Algunos pocos obispos defendían una jurisdicción limitada; su razonamiento era que, como obispos locales, ellos ejercían jurisdicción en sus áreas particulares (diócesis), y que como ordenados ellos habían recibido esa autoridad jurisdiccional de Dios y no del Papa. Pío IX, por supuesto, y otros Papas antes que él habían tomado la costumbre de animar las apelaciones a Roma cuando ocurrían disputas, trayendo así esos asuntos bajo la jurisdicción papal. Nunca hubo dudas de que el Papa apoyaría este concepto. La decisión del Concilio dando jurisdicción universal al papado aumentó la centralización de la autoridad eclesiástica en la ICR, declarando oficialmente dónde estaba la autoridad; es decir, con el Papa.

El decreto dogmático del Concilio Vaticano I "sobre el poder y la naturaleza de" la primacía papal, dice en parte:

> Enseñamos y declaramos que por nombramiento de nuestro Señor, la Iglesia Romana [es decir, la Iglesia en Roma] posee una superioridad de poder ordinario sobre todas las otras iglesias, y que este poder de jurisdicción del pontífice romano, que es ciertamente episcopal, es inmediato; a quien todos... están ligados, por su

deber de subordinación jerárquica y verdadera obediencia, a someterse, no sólo en asuntos que pertenecen a la fe y a la moral, sino también en aquellos que pertenecen a la disciplina y el gobierno de la Iglesia a lo largo del mundo, de modo que la Iglesia de Cristo pueda ser un rebaño, bajo un pastor supremo por medio de la preservación de la unidad, tanto de comunión como de profesión, en la misma fe bajo el pontífice romano. Esta es la enseñanza de la verdad católica, de la cual ninguno puede desviarse sin perder la fe y la salvación.[7]

4. La infalibilidad papal

Después que el Concilio Vaticano I consideró y estableció la primacía del Papa en términos de jurisdicción universal, puso su atención en el tema de la infalibilidad papal. Es muy interesante que la cuestión de la infalibilidad papal no había aparecido como un tema de discusión en la agenda original para el Concilio. Pero todos los que asistieron deben haber sabido que sería uno de los temas a tratarse. Ciertamente, muchos obispos estaban seguros de que ésta era la verdadera razón por la cual el Papa había llamado principalmente al Concilio. Parecía que Pío IX consideraba inapropiado que él planteara el asunto, pero tenía confianza en que sería presentado. Otros obispos le pidieron agregarlo a la agenda. El estuvo de acuerdo y lo puso a la cabeza de todos los otros temas de la agenda, por lo que se convirtió en el tema de discusión y consideración inmediatas.

Aunque todos los obispos presentes estaban advertidos de que la cuestión de la infalibilidad papal sería discutida, no todos estaban de acuerdo en que el Concilio decretara formalmente algo sobre el tema. Había algunos pocos, muy pocos, que pueden ser categorizados como oponentes directos de la doctrina. La gran mayoría había llegado al Concilio con la convicción de que la infalibilidad papal, en alguna forma, era cierta y totalmente apropiada. Algunos, por ejemplo, favorecían una doctrina sin ninguna limitación, la cual convertiría al Papa —en esencia— en poseedor de la mente de Dios. Había más obispos, sin embargo, que creían que la infalibilidad papal era de naturaleza limitada y que debía ser promulgada como una doctrina limitada. Otros, aunque estaban de acuerdo con el concepto de la infalibilidad papal, se oponían a que se promulgara una declaración formal. Algunos se oponían sobre la base que para quienes estaban en áreas predominantemente no católicas o protestantes, un dogma oficial como ese crearía más problemas para la ICR en esas zonas. La vasta mayoría quería apoyar a Pío IX y creía con él que la redefinición formal de la autoridad papal era necesaria, y que la mejor manera de hacerlo era promulgar un decreto sobre la infalibilidad papal.

---

[7] *Ibíd.*, pp. 374-5.

Las discusiones dentro del Concilio duraron varias semanas. La infalibilidad papal limitada era el centro de discusión. Cuando comenzó la votación, se habían pronunciado 164 discursos, incluyendo los que estaban a favor y en contra del decreto. El voto final fue el 18 de julio de 1870. Muchos de los que se oponían a la definición sobre la infalibilidad papal dejaron Roma el día antes de votar, no queriendo avergonzar al Papa votando en contra del decreto. Cincuenta y uno de aquellos que se fueron sin votar escribieron una carta a Pío IX indicando sus razones. Aunque había más de 700 habilitados para votar, una cantidad importante se fue en lugar de votar sobre el tema (como se ha indicado). El voto final reveló que había 533 en favor de la definición, con dos que se opusieron. Los dos que votaron en contra de la definición fueron el obispo Riccio, de Caizza (Italia) y el obispo Fitzgerald, de Little Rock (EE. UU. de A.). Sin embargo, ambos se inclinaron inmediatamente ante el Papa y profesaron su aceptación de la doctrina.

Como ya se ha señalado, la doctrina afirmada por el Concilio Vaticano I era una de infalibilidad papal limitada. Era limitada en el sentido que no todo lo que el Papa dice o declara en cualquier momento es considerado infalible. Es muy posible que muchos católicos crean esto en un nivel popular. Ciertamente, hay muchos no católicos mal informados que creen que el Papa es infalible en todas sus declaraciones. Pero, oficialmente, la infalibilidad papal está restringida a aquellos momentos en que el Papa habla ex cáthedra. Esto se refiere a aquellas ocasiones en que él declara estar funcionando en su papel de pastor y maestro de todos los cristianos. Además, la infalibilidad se extiende sólo a las declaraciones que tocan asuntos específicos relacionados con las áreas de la fe y la moral. El texto del decreto sobre la infalibilidad papal promulgado por el Concilio Vaticano I dice:

> Enseñamos y definimos que es un dogma divinamente revelado: que el pontífice romano, cuando habla ex cáthedra, es decir, cuando está ejerciendo el oficio de pastor y doctor de todos los cristianos, por virtud de su autoridad apostólica suprema, define una doctrina —en relación con la fe y la moral— a ser sostenida por la Iglesia universal, por la asistencia divina prometida a él en el bendito Pedro, posee aquella infalibilidad con la cual el Redentor divino quiere que su Iglesia sea conferida al definir la doctrina concerniente a la fe y la moral; y que por ello esas definiciones del pontífice romano son irreformables en sí mismas, y no del consentimiento de la Iglesia. Pero si alguien —que Dios lo impida— presume contradecir esta definición: que sea anatema (maldito y excomunicado).[8]

La decisión sobre la infalibilidad papal brindó al papa Pío IX aquello que él había deseado; ciertamente, marcó el triunfo del ultramon-

---

[8] *Ibíd.*, p. 375.

tanismo. La autoridad del papado, sin embargo, había de ser mantenida solamente en el campo espiritual de la ICR misma. Pero, en y por sí mismo, era un logro muy significativo. Aunque la primacía papal en términos de jurisdicción sobre toda la Iglesia Católica y la infalibilidad papal habían sido declaradas oficialmente por el Concilio, el poder temporal de Pío IX había sufrido mucha erosión, como ya se indicó con la toma de los Estados Papales, y con la actitud el Papa que se sentía un "prisionero" en el Vaticano. Algunos dirían, desde una perspectiva política, que el reinado de Pío IX como Papa estuvo señalado por un fracaso aparente, pero sus logros espirituales y eclesiásticos fueron impresionantes.

CONCLUSION

El tradicionalismo de los Papas del siglo XIX dejó su impacto en la ICR de ese período. La posición defensiva del papado en contra del modernismo durante esa época continuaría dominando la manera en que la Iglesia Católica se relacionaría y reaccionaría ante el mundo hasta la mitad del siglo XX. La teología de Trento, unida con la autoridad papal del Vaticano I, brindaría un fundamento durable para la Iglesia Católica, mientras el mundo se movía hacia una nueva época dominada por nuevas amenazas filosóficas y científicas y dos guerras mundiales terribles.

La rigidez que continuó en la ICR no significó un estancamiento total. Las nuevas generaciones de católicos, hijos de la nueva fase de la era moderna, clamarían en favor de cambios y de más apertura de parte de la Iglesia de Roma. Al final, ocurriría un fenómeno muy inesperado dentro del catolicismo, que encontraría expresión en otro Concilio Vaticano. Ese fenómeno —el Concilio Vaticano II— y los asuntos que lo rodearon brindan el tema principal para los próximos dos capítulos.

9

EL CATOLICISMO "TRADICIONAL" DESPUES DEL CONCILIO VATICANO I

INTRODUCCION

El ultramontanismo fue el gran ganador en el Concilio Vaticano I. La autoridad del Papa fue oficialmente fortalecida dentro de la ICR. Esto sería reflejado en la práctica por la manera en la que ejercían ese poder los sucesores de Pío IX. A pesar de ello, no todos saludaban con entusiasmo ni aceptación el decreto sobre la infalibilidad papal. Por ejemplo, los grupos disidentes en Alemania y en otros lugares se oponían a las decisiones del Concilio, separándose de la autoridad papal. Un grupo significativo de disidentes estableció lazos con los católicos jansenitas en Holanda en 1873. Se conoce a este grupo como la "Iglesia Católica Antigua". Ciertamente sus prácticas se parecían mucho a las protestantes, porque ellos abandonaron el celibato clerical, la confesión auricular y condujeron la liturgia en los idiomas modernos.

La unidad católica continuaría probando ser de alguna manera frágil y a veces evasiva, mientras las fuerzas del modernismo se afirmaron con nuevo ímpetu durante el siglo XX. Sin embargo, en la lucha continua con las fuerzas externas, los Papas del siglo XX comprobarían ser líderes capaces. Todos habían de dejar una marca influyente sobre la ICR por medio de la manera en que trataron con la complejidad de cambios durante su pontificado particular.

El punto climático en el período para el catolicismo llegó justo después de la mitad del siglo. La misma antigua institución medieval decidió hacer algunos cambios significativos y los hizo por medio del Concilio Vaticano II (1962-65). Desde el Vaticano II, la ICR ha luchado con las implicaciones de lo que ocurrió en aquella reunión fenomenal. Este capítulo considera lo que ocurrió hasta el Concilio Vaticano II, como está reflejado en el liderazgo papal del período.

LIDERAZGO PAPAL (1878-1958)

Los sucesores del papa Pío IX heredaron más de 300 años de fuerte afirmación del tradicionalismo desde el Concilio de Trento en el siglo XVI y, en ese tiempo, la afirmación más reciente de la autoridad papal del Concilio Vaticano de 1869-70. Desde la muerte de Pío IX en 1878 hasta la elección del papa Juan XXIII en 1958, hubo cinco personas fuertes que ocuparon el trono papal durante ochenta años. Cada una de ellas enfrentó la complejidad de su época en una manera tal que dejó su propia marca distintiva sobre la Iglesia Católica del siglo XX.

1. León XIII (1878-1903)

León XIII sucedió al papa Pío IX. Los veinticinco años de León representaron otro período largo de reinado papal. Como la mayoría de los Papas desde Pío IX, las acciones de León contribuyeron a establecer una reputación que agregaba fortaleza a la integridad del papado que se percibía. León XIII trajo al oficio papal una experiencia y una habilidad significativas. Se lo consideró un erudito destacado y había servido a la Iglesia en forma efectiva como un diplomático, habiendo también comprobado ser bastante popular como obispo. Como Papa, tuvo un espíritu misionero y buscó reforzar y expandir los programas misioneros de la ICR.

En contraste con Pío IX, el papa León XIII trató de ser más complaciente en algunas áreas. Intentó establecer relaciones abiertas —aunque no siempre buenas— con las naciones europeas que habían sido tan desconfiadas y reaccionarias ante los reclamos y decisiones anteriores del papado. Por ejemplo, en Alemania —bajo Bismark— durante la década de 1870, el gobierno había tomado acciones represivas contra la Iglesia Católica. Bismark consideraba que la posición antimodernista de la ICR era una amenaza a la unidad alemana. Este sentimiento anticatólico y todo lo relacionado con el mismo en Alemania llegó a conocerse como *Kulturkampf:* La "lucha por la civilización". El intento del *Kulturkampf* era convertir al Estado en supremo en todos los asuntos culturales. Era obvio que Bismark considerara que la afirmación de la autoridad papal era una amenaza a su propósito.

Las decisiones que se tomaron en Alemania durante el *Kulturkampf* incluyeron la expulsión de los jesuitas; también algunos clérigos fueron a la prisión. En 1873, el gobierno promulgó las "Leyes de Mayo"; éstas estaban basadas en el concepto de la supremacía absoluta del Estado y en realidad ponían todo lo relacionado con la Iglesia Católica en Alemania bajo el control del gobierno. Más tarde, parece que Bismark se convenció de que sería políticamente ventajoso volver atrás en algunas de las acciones más represivas asociadas con el *Kulturkampf*. Ciertamente, eso no hubiera sido posible de parte de Bismark si no hubiera sido por la actitud más abierta de León XIII comparada con la de su predecesor, Pío IX. Comúnmente, León XIII recibe el crédito por haber restaurado buenas relaciones entre Alemania y la Iglesia Católica, como si la iniciativa y habilidad para alcanzar aquello hubiera venido solamente de su lado; ésta es una explicación demasiado simplista. Sin embargo, sus habilidades en la negociación y en la diplomacia fueron reales; las "Leyes de Mayo" fueron abolidas en 1887 y con ellas desapareció el *Kulturkampf*.

León XIII también se destacó debido a su interés en que la ICR estuviera más involucrada en los temas sociales que habían aumentado como resultado de la Revolución Industrial. León había pasado tres años en Bruselas y había visitado un centro industrial como Londres antes de convertirse en Papa, y estaba informado acerca de los problemas de las masas humanas en el creciente ambiente industrial. Su interés pastoral por el bienestar de los que estaban negativamente afectados halló su expresión en su encíclica de 1891, titulada *Rerum Novarum*. Un escritor católico ha llamado a *Rerum Novarum* "la Carta Magna del catolicismo social".[1] Es un documento muy humano que trata temas prácticos. En el mismo se condena el socialismo doctrinal; se afirma el derecho de los trabajadores a tener propiedades, discusión libre de salarios, el principio de unidad de los obreros, y se pone énfasis especial en el ideal de un "salario justo". Asimismo, al tratar temas relacionados con movimientos en el catolicismo en los Estados Unidos de América, León XIII afirma específicamente a los "Caballeros del Trabajo", uno de los sindicatos norteamericanos más poderosos, con por lo menos dos tercios de sus miembros siendo católicos romanos.

Otra encíclica importante promulgada por León XIII en 1885 fue *Immortale Dei*. En este documento se puede notar un reconocimiento a regañadientes de los gobiernos elegidos por la voluntad popular. León XIII estaba intentando acomodar a la ICR a las realidades de la época. Mucho de lo que aparece en *Immortale Dei* se declara en forma negativa. Por ejemplo, aun en países con gobiernos democráticos, la posición de la ICR era que las otras religiones no debían tener la misma posición que el catolicismo, porque sólo puede haber una Iglesia verdadera. En *Immortale Dei* también se condena lo que la ICR considera como el "error" de la separación de la iglesia y el Estado. Al mismo tiempo, León afirmó que "nadie [debe] ser forzado a abrazar

---

[1] Thomas Bokenkotter, *A Concise History of the Catholic Church*, ed. rev. (Garden City, NY: Image Books, 1979), p. 341.

la fe católica en contra de su voluntad".[2] Continuó atacando "la libertad de pensamiento y de publicación" como "la fuente y el origen de muchos males".[3]

Durante el reinado papal de León XIII también puede verse el desarrollo continuo de alguna diversidad dentro del catolicismo romano, y los problemas creados por esa diversidad. Es bastante ilustrativa la situación con respecto a los católicos en los EE. UU. de A. durante ese período. En ciertos líderes católicos de ese país comenzaron a manifestarse tendencias liberales. Como se ha indicado antes, esos líderes querían relacionarse y relacionar a la Iglesia Católica con las realidades sociales y culturales del sistema norteamericano; de esa forma, ellos pensaban atraer a los protestantes al redil católico estadounidense. En círculos católicos se refería a este asunto como "americanismo" y el Papa lo trató en 1899 en su encíclica *Testem Benevolential*. León XIII condenó el concepto de acomodar la doctrina católica a las necesidades de la sociedad moderna. Esta acción fue consistente con el Sílabo de Errores que había sido promulgado por su predecesor, Pío IX. Esta reacción de León XIII aquietó efectivamente el movimiento liberal en los EE. UU. de A. por muchos años.

Aunque León XIII hizo algunos intentos de abrir más a la ICR, resultó no ser demasiado abierta. Como un Papa erudito, tomó la decisión importante de abrir los archivos del Vaticano a los historiadores; asimismo, él promovió la exégesis bíblica por parte de los eruditos católicos. Sin embargo, como una medida reaccionaria y protectora, creó la Comisión Bíblica Pontifical en 1902. Esta Comisión funcionó como un grupo de observación, para asegurarse de que los exégetas no sucumbieran ante las tendencias modernistas crecientes en el campo de la investigación bíblica. Dado que las decisiones de la Comisión se consideraban obligatorias, algunos eruditos como Loisy y Duchesnes en Francia perdieron más adelante sus puestos de enseñanza. El papado de León fue en muchas maneras paradójico. Aunque él abrió un poco más algunas puertas de la Iglesia Católica ante el mundo cambiante, no estaba dispuesto a abrirlas mucho y, ciertamente, como se ha indicado, frecuentemente llegó a cerrarlas de nuevo completamente.

2. Pío X (1903-14)

Al elegir a Joseph Sarto para el papado como Pío X, fue obvio que

---

[2] Clyde L. Manschreck, ed., *A History of Christianity*, tomo 2: The Church from the Reformation to the Present (Grand Rapids: Baker Book House, 1964), p. 378.

[3] *Ibíd.*, p. 377.

él y aquellos que lo apoyaban estaban listos para una clase de énfasis diferente que aquel dado por el papa León XIII. Pío X se promovió como un Papa "religioso" en lugar de "secular". El creía que los intentos de León para tratar diplomáticamente con los gobiernos seculares habían fracasado; su determinación fue no ser diplomático. Se comprometió a insistir en los "derechos" de la ICR dentro del marco de los Estados nacionales; en su pensar, no se requería de la diplomacia.

Su afirmación inflexible de los derechos de la Iglesia Católica pronto fue probada en Francia. En 1904, el presidente francés violó el protocolo católico que, debido a la "Cuestión Romana", desde 1870 había impedido que los jefes de Estados "católicos" visitaran al jefe del gobierno italiano. El presidente Loubet hizo una visita de Estado al Rey de Italia. Cuando Pío X protestó, los franceses retiraron su embajador del Vaticano, significando que para el gobierno francés el Papa no era un soberano independiente. El gobierno fue adelante y en 1905 se aprobó la Ley de Separación, desautorizando cualquier religión establecida para Francia; de ese modo, adoptó una posición que afirmaba la separación entre la iglesia y el Estado. El papa Pío X respondió a principios de 1906, con una encíclica en la que denunciaba la Ley de Separación y con ello afirmaba la propia posición católica. En su carta a todos los obispos de Francia, Pío X declaró:

> Que es necesario separar la iglesia y el Estado es una tesis absolutamente falsa, un error muy pernicioso. El basarse, en efecto, en el principio de que el Estado no debe reconocer ninguna fe religiosa, es en principio un insulto profundo a Dios; porque el Creador de la humanidad es también el fundador de las sociedades humanas, y él las mantiene, como a nosotros. Por lo tanto, le debemos no sólo una adoración privada sino también una adoración pública y social en alabanza.[4]

Y, en conclusión, escribió:

> Nosotros... rechazamos y condenamos la ley aprobada en Francia para la separación de la iglesia y el Estado como profundamente insultante a Dios, a quien oficialmente niega al convertir en un principio que la República no reconoce ninguna religión. La rechazamos y condenamos por violar la ley natural, la ley de las naciones, y la fe pública que se debe a los tratados, como contraria a la constitución divina de la Iglesia, a sus derechos fundamentales y a su libertad, como trastornando la justicia y atrapando bajo su pie los derechos de propiedad que la Iglesia ha adquirido por múltiples títulos y especialmente en virtud del Concordato. La rechazamos y condenamos como gravemente ofensiva a la dignidad de esta sede apostólica, a nuestra persona, al episcopado, al clero y a todos los católicos franceses...[5]

Con la falta de disposición del papa Pío X de permitir ningún acuer-

---

[4] *Ibíd.*, pp. 390-91.
[5] *Ibíd.*, p. 392.

do, la ICR fue forzada a abandonar sus propiedades y tributos en Francia.

Otra indicación de la falta de disposición de Pío X para actuar con diplomacia se ve en algo que ocurrió en 1910. Se habían hecho planes para que el Papa recibiera en el Vaticano al entonces ex presidente de los EE. UU. de A., Theodore Roosevelt. Sin embargo, al enterarse de que Roosevelt había dado una conferencia en la Iglesia Metodista en Roma, se negó a mantener la audiencia. Como podría esperarse, esto creó un sentimiento negativo en la opinión pública en los Estados Unidos.

La rigidez de la administración papal de Pío X se puede ver también en la manera en la que atacó el modernismo continuo que amenazaba la doctrina católica. Pío X heredó algunos de los problemas que había surgido durante los últimos años del papado de León XIII. Algunos, como Alfred Loisy, serían excomulgados; George Tyrrell, un irlandés que era un eco de las enseñanzas de Loisy, fue echado de la Sociedad de Jesús y luego le fueron negados los sacramentos. En relación con estos problemas, Pío X publicó dos encíclicas papales denunciando el modernismo y buscando eliminarlo de los seminarios y universidades católicos.

La primera encíclica, promulgada en 1907, se conoce como *Lamentabili Sane*. Es parecida al Sílabo de Errores en su condenación de sesenta y cinco tesis modernistas, tomadas principalmente de una interpretación de los escritos de Loisy. Pío X introdujo la lista afirmando que "he decidido que los errores principales deben ser señalados y condenados por el Oficio de esta Santa Inquisición, Romana y Universal".[6] Entre los "errores" citados estaban los siguientes:

> [Es un error decir que] 1. La ley eclesiástica que prescribe que los libros relacionados con las Escrituras Divinas están sujetos a examen previo no se aplica a los eruditos y estudiantes críticos de la exégesis científica del Antiguo y Nuevo Testamentos... 5. Dado que el depósito de la Fe contiene solo verdades reveladas, la Iglesia no tiene el derecho de juzgar las afirmaciones de las ciencias humanas... 12. El exégeta, si se quiere aplicar provechosamente a los estudios bíblicos, debe primero dejar a un lado las opiniones preconcebidas acerca del origen sobrenatural de las Sagradas Escrituras e interpretarlo en la misma manera que otro documento meramente humano... 55. Simón Pedro nunca sospechó que Cristo le confiaba la primacía de la Iglesia... 64. El progreso científico demanda que sean reajustados los conceptos de la doctrina cristiana con respecto a Dios, la creación, la revelación, la persona del Verbo encarnado y la redención.[7]

El error "final" que se citó debe ser notado especialmente al entender el temor del Papa en cuanto al modernismo: "El modernismo católico

---

[6] *Ibíd.*
[7] *Ibíd.*, pp. 392-95.

puede reconciliarse con la verdadera ciencia sólo si se transforma en un cristianismo no dogmático; es decir, en un protestantismo amplio y liberal."[8]

La segunda encíclica apareció también en 1907. Se titula *Pascendi Gregis* e igualmente ataca la teología modernista. *Pascendi Gregis* buscó sistematizar los conceptos doctrinales desarrollados en forma no sistemática por los modernistas. La encíclica representa un intento de síntesis de ideas de varias fuentes. Al agrupar de esta manera las diferentes ramas de pensamiento, el documento finaliza atacando algo que nunca existió —en esa forma— entre los modernistas. Pero, en esa forma, sus herejías estaban ciertamente en conflicto directo con las enseñanzas de la ICR. Entre otras cosas, Pío X atacó a los modernistas por su evolucionismo. Lo describe como "prácticamente su doctrina originaria".[9] Con los modernistas, todo está sujeto a cambio: "El dogma, la Iglesia, los libros que consideramos sagrados, aun la fe misma.[10] Esa enseñanza, de acuerdo con Pío X, conduce al cisma y a la herejía, denigrando la revelación y el papel autoritativo de la ICR.

A los efectos de afirmar el firme control de la Iglesia sobre la enseñanza, y la conformidad con la interpretación católica al enfrentar la gran amenaza que se percibía en el modernismo, Pío X promulgó su "Juramento contra el modernismo" en 1910. Esto era indicativo de la continuación de los problemas relacionados con el modernismo en la ICR y sería reafirmado en otras ocasiones (por ejemplo, 1918, 1931). Los que enseñaban en las diferentes instituciones educativas de los católicos tenían como requisito afirmar el "Juramento".

Un extracto del largo "Juramento" de Pío X brinda una comprensión importante de la fuerte posición de autoridad que la ICR afirma para sí misma al decidir lo que es verdadero y lo que es falso. El "Juramento" comienza así: "Yo firmemente abrazo y acepto todos y cada uno de los artículos que han sido definidos, establecidos y declarados por la autoridad inerrable de enseñanza de la Iglesia."[11] En relación con la afirmación de la fuerte posición eclesiológica de la ICR, el "Juramento" afirma: "Y con fe firme, yo... creo que la Iglesia, guardiana y maestra de la Palabra revelada, fue fundada directamente por el real e histórico Cristo mismo, así como él habita con nosotros, y que fue edificada sobre Pedro, el príncipe de la jerarquía apostólica y su suce-

---

[8] *Ibíd.*, p. 395.

[9] Colman, J. Barry, ed., *Readings in Church History,* tomo 3: The Modern Era 1789 to the Present (Nueva York: Newman Press, 1965), p. 118.

[10] *Ibíd.*

[11] Manschreck, *History of Christianity,* p. 395.

sor para siempre."[12] Asimismo, se afirma nuevamente la continuidad de ese papel autoritativo, como se indica en la parte que sigue del "Juramento":

> Yo sinceramente recibo la enseñanza de la fe como nos ha sido entregada desde los apóstoles y Padres ortodoxos y la entregó en el mismo sentido y significado; y además, yo completamente rechazo la ficción herética... de la evolución de los dogmas de acuerdo a la cual éstos cambiaron de un significado a otro, y de un significado contradictorio a aquel que la Iglesia había dado antes...[13]

Durante esa época, la "caza de brujas" teológica estuvo a la orden del día. Algunas revistas teológicas de los católicos dejaron de publicarse; personas inocentes vieron arruinadas sus carreras por acusaciones sin fundamento. Un historiador católico trata el período bajo un capítulo con un título descriptivo: "La caída modernista." El dice:

> Ciertamente, el modernismo fue exitosamente echado, pero a un precio tremendo; los pensadores católicos fueron inoculados contra el error, pero la dosis fue casi fatal. El movimiento liberal en el catolicismo sufrió otra grave derrota y el catolicismo social perdió una década de tiempo valioso. Muchos de los pensadores más brillantes de la Iglesia fueron silenciados o echados de la teología a una clase de esquizofrenia espiritual. Los seminarios católicos permanecieron como guetos medievales hasta la mitad del siglo XX...[14]

Aunque preocupado con los asuntos asociados con los temores que producía el modernismo, el papa Pío X deseaba ser un verdadero Papa-reformador en el área de la vida interna de la Iglesia Católica. El quería ciertamente ser recordado como un Papa "religioso" más bien que como uno "secular". Para cumplir ese fin, se entregó a la tarea de ejercer presión para un avivamiento litúrgico, deseando enriquecer la adoración de la Iglesia. Promovió la comunión frecuente y la oración fervorosa. También reorganizó e hizo más eficientes los diversos departamentos administrativos y las oficinas relacionadas con la Curia Romana. La Curia es la burocracia gubernamental de la ICR basada en el Vaticano. También impulsó la revisión de la ley canónica de la Iglesia. Entre sus principales actividades reformistas estaban las relacionadas con las funciones pastorales y la espiritualidad del clero.

3. Benedicto XV (1914-22)

El reinado papal del sucesor de Pío X, Benedicto XV, fue eclipsado por la Primera Guerra Mundial. La posición pública de Benedicto fue de neutralidad. Buscó relacionarse con ambos lados en la guerra con

---

[12] *Ibíd.*

[13] *Ibíd.*, p. 396.

[14] Bokenkotter, *Concise History*, p. 366.

el propósito de promover un fin a las hostilidades. En ese proceso recibió críticas de ambos lados, pues cada uno creía que el Papa favorecía al otro.

Aunque Benedicto XV estuvo limitado en cuanto a lo que podía realmente hacer, estableció una oficina en el Vaticano para ayudar a la reunión entre los prisioneros de guerra y sus familiares; también fue exitoso en lograr que Suiza recibiera a soldados de ambos lados que estaban sufriendo de tuberculosis. Algo que refleja su generosidad es que usó de los recursos del tesoro del Vaticano para buscar aliviar el sufrimiento. A Benedicto le hubiera gustado tener algún papel en las negociaciones de tratados después de la Primera Guerra Mundial. Sin embargo, el gobierno de Italia insistió en que el Vaticano debía ser excluido de tener parte en el arreglo de paz de 1919.

Aunque su habilidad para alcanzar resultados durante el tiempo de guerra fue limitada, de todas maneras se conoce a Benedicto como el "Papa de la paz". Primero había buscado la paz dentro de la Iglesia. Una de sus primeras decisiones al acceder al trono papal fue poner fin a la excesiva "caza de brujas" que había sido una parte integral del papado de Pío X. Aunque menos notado, fue importante su papel en buscar poner un fundamento para resolver la "Cuestión Romana". Comenzó a mostrar un interés positivo en la política italiana; permitió que los católicos italianos votaran en las elecciones de Italia; de ese modo, por medio de sus acciones, levantó en forma efectiva la prohibición papal contra la participación de los católicos en la política italiana.

Benedicto, a diferencia de Pío X, reflejó una inclinación hacia la diplomacia. Se restablecieron las relaciones con Francia en 1921, nombrando Francia un embajador en el Vaticano. Durante el período en que Benedicto fue Papa, las representaciones oficiales de las diferentes naciones en el Vaticano aumentaron de catorce a veintisiete.

La guerra hizo que Benedicto reflexionara seriamente en cuanto a las actividades misioneras de la ICR. Así como se lo conoce como el "Papa de la paz" algunos lo consideran el "Papa misionero". Dentro del contexto del ambiente de la guerra, Benedicto vio la urgencia de poner énfasis en que los misioneros católicos romanos establecieran y desarrollaran un clero indígena en los campos misioneros del mundo. En relación con esto, también hizo hincapié en la necesidad de una jerarquía nativa en los diferentes países de misión.

4. Pío XI (1922-39)

Pío XI, quien llegó a ser Papa en 1922, habría de conducir a la ICR en épocas no menos turbulentas que las de su predecesor Benedicto XV. Habría de contender con el fascismo en Italia y el nazismo en Alemania; el mundo se movería hasta el surgimiento de la guerra durante su pontificado. Pío XI, sin embargo, contribuyó a agregar cierto grado de tranquilidad a la misma ICR.

Desde 1870, cuando el papa Pío IX afirmó ser un "prisionero" en el Vaticano, y el gobierno italiano fue confrontado con la "Cuestión Romana", ningún Papa había aparecido en público. Ahora, más de 50 años después, el primer acto oficial de Pío XI como Papa fue aparecer en público en un balcón del Vaticano y pronunciar una bendición a los fieles. Abrió la puerta al gobierno italiano con la intención de resolver la "Cuestión Romana" y, por ello, finalizó la "cautividad de los Papas". Esto se logró en 1929, cuando él negoció con Benito Mussolini el Tratado Laterano. Por medio de este acuerdo, el Papa abandonó los reclamos en cuanto a los antiguos Estados Papales, a cambio de una gran donación de bonos del gobierno. Al mismo tiempo, Italia reconoció que las 44 hectáreas de la Ciudad del Vaticano eran posesión de la ICR y bajo su dominio político neutral. El tratado reconoció también al catolicismo como la religión oficial de Italia.

Pío XI llegó al papado con un trasfondo importante de una carrera como erudito. Como Benedicto XV antes que él, trabajó mucho para solucionar los prolongados antagonismos que habían resultado de la controversia modernista anterior. Su profundo interés en la ciencia llevó al establecimiento del Instituto Pontifical de Arqueología Cristiana y a la Academia Pontifical de Ciencias.

Pío XI buscó generar entusiasmo y energía para la Iglesia Católica por medio de los laicos (un énfasis que sería articulado fuertemente más tarde en el siglo por medio del Concilio Vaticano II). El medio que usó el Papa para cumplir con esta meta fue su utilización de la Acción Católica, un movimiento organizado de laicos católicos. Por definición era un "apostolado laico". El término "apostolado" se refiere al servicio prestado a la Iglesia y en favor de la Iglesia por medio de obras piadosas. Así, la Acción Católica era el laicado bajo la dirección del clero organizado para servir a la Iglesia por medio del uso de sus talentos y su participación en actividades, como la evange-lización en el lugar de trabajo, el ministerio a los pobres, etc. En la mente del papa Pío XI representaba un intento en favor de la Iglesia Católica para unir la brecha entre la Iglesia y el mundo secular (otro tema que sería luego prominente en el Vaticano II).

El papa Pío XI ha sido frecuentemente juzgado con dureza por católicos y no católicos por igual. La crítica que generalmente se le hace ha surgido por la aprobación que se percibe —por lo menos tácita— del fascismo italiano y el nazismo alemán, que parecían ser inherentes en los concordatos (acuerdos oficiales entre el Vaticano y naciones específicas) con los cuales entraron con Italia (1929) y Alemania (1933). Debe notarse, sin embargo, que Pío XI promulgó una encíclica fuertemente crítica de ciertos aspectos del fascismo en Italia, y que en 1937 en otra encíclica denunció el nazismo racista a la luz de que Hitler no había honrado los acuerdos del concordato.

La encíclica papal que trata del fascismo es *Non Abbiamo Bisogno*. En ella, Pío XI condena aquellos principios del fascismo "que se han hallado contrarios a la doctrina y a la práctica católicas".[15] Por ejemplo, Pío XI indica que el fascismo intenta "monopolizar completamente a los jóvenes, desde sus años más tiernos hasta la madurez como hombres y mujeres, para la ventaja exclusiva de un partido y de un régimen basado en una ideología que claramente resulta en una verdaderamente pagana adoración del Estado".[16] Agrega:

> Una idea del Estado que hace que las generaciones venideras le pertenezcan enteramente sin ninguna excepción, desde los años más tiernos hasta la vida adulta, no puede ser reconciliada por un católico... con la doctrina católica... No es posible que un católico acepte la pretensión de que la Iglesia y el Papa deben limitarse a las prácticas externas de la religión, tales como la misa y los sacramentos, y que todo el resto de la educación pertenece al Estado.[17]

Pero Pío XI es vulnerable a la crítica aun en la misma encíclica, porque aunque denuncia la enseñanza fascista, indica expresamente que "no hemos dicho que queremos condenar al partido [fascista] mismo".[18]

El concordato con el gobierno Nacional Socialista en 1933 había garantizado a los católicos en Alemania la libertad para practicar su religión, pero al costo de apoyar al gobierno nazi. Obviamente, Hitler nunca tuvo la intención de honrar el acuerdo. Finalmente, a la luz de numerosos abusos, Pío XI promulgó la encíclica *Mit Brennender Sorge*, en marzo de 1937. Esta encíclica fue introducida como contrabando en Alemania y leída en las iglesias católicas romanas en el Domingo de Ramos. Pío XI admitió que había tenido muchos recelos en 1933 en cuanto al concordato con Alemania. Luego, en la comprensión de la enseñanza nazi, observa:

> Sólo mentes superficiales pueden caer en la herejía de hablar de un Dios nacional, de una religión nacional; sólo ellos pueden hacer el intento loco de tratar

[15] Barry, *Readings in Church History*, p. 416.

[16] *Ibíd.*, p. 414.

[17] *Ibíd.*, p. 415.

[18] *Ibíd.*, p. 416.

de confinar dentro de los límites de un solo pueblo, dentro de la corriente estrecha de sangre de una sola raza, al Dios creador del mundo, el Rey y Legislador de todos los pueblos, delante de cuya grandeza todos los pueblos son pequeños como una gota en un balde.[19]

Al enfrentar la persecución, Pío XI desafió a los católicos en Alemania a que mantuvieran su lealtad a Roma. Los informes indican que Hitler estaba airado por la encíclica, pero que luego básicamente la ignoró.

Otra notable declaración de Pío XI fue la encíclica que condenó el comunismo ateo. Se la conoce como *Divini Redemptoris*, y fue promulgada cinco días después que había aparecido la *Mit Brennender Sorge* atacando al nazismo. El comunismo, según Pío XI, es "corrompido" y "satánico". El Papa desafió a los clérigos a proteger a los fieles del engaño del comunismo. El escribió: "El comunismo es intrínsecamente malo y... aquellos que se dejen engañar dando su ayuda hacia el triunfo del comunismo en su propio país serán los primeros en caer víctimas de su error."[20] En el pasaje final de la encíclica, Pío XI afirmó: "En todas partes hoy existe una apelación ansiosa a las fuerzas morales y espirituales; y esto es adecuado, porque el mal que debemos combatir es, en su origen, un mal del orden espiritual. A partir de esta fuente corrompida, las emanaciones monstruosas del sistema comunista fluyen con lógica satánica."[21] Históricamente, la ICR ha estado entre los oponentes más fuertes del comunismo, y este documento es una evidencia de ello. El papa Pío XI hizo hincapié en su convicción de que el catolicismo sería la única alternativa viable al comunismo.

5. Pío XII (1939-58)

La parte inicial del período de Pío XII como Papa se desarrolló en el trasfondo de la Segunda Guerra Mundial. Antes de su comienzo, el Papa presentó un desafío para alcanzar la paz. Como el desafío de Benedicto XV antes del comienzo de la Primera Guerra Mundial, el llamado de Pío XII no fue escuchado y llegó la guerra. Las acciones y las declaraciones públicas de Pío XII durante la guerra han sido tema de debate y controversia. Algunos insisten en que su intento de mantener una posición neutral del Vaticano constituyó una brecha moral a la luz de las atrocidades que ocurrían en Alemania. Los defensores de su posición dicen que si el Papa hubiera condenado abiertamente el Holocausto hubiera provocado una reacción aún peor para los judíos y los católicos. Está documentado que el Vaticano utilizó su in-

---

[19] *Ibíd.*, p. 372.
[20] *Ibíd.*, p. 336.
[21] *Ibíd.*, p. 337.

fluencia para proteger a judíos en edificios eclesiásticos abiertos para ese propósito, con instrucciones del mismo Papa. Sin embargo, un historiador católico señala que el hecho de haber hecho públicamente tan poco "ha echado una larga sombra sobre un pontificado de otra manera brillante".[22]

Desde una perspectiva católica, los aspectos "brillantes" del servicio de Pío XII a la Iglesia de Roma incluyen su fuerte posición en contra del comunismo. El reiteró las denuncias hechas en contra del mismo por su predecesor Pío XI. En la etapa de expansionismo soviético de la posguerra, Pío XII consideró la amenaza del comunismo en una manera cada vez más alarmante. En 1949 amenazó con la excomunión a los católicos que promovían el comunismo y a los que eran miembros del partido comunista. Por ello, la ICR continuó siendo considerada y, ciertamente, definida como la gran enemiga del comunismo.

Luego de la Segunda Guerra Mundial, Pío XII buscó aumentar los retoques internacionales del Colegio de Cardenales. Nombró muchos cardenales de diferentes países, de modo que el número de cardenales italianos se mantuvo en un tercio del número total. Al mismo tiempo, reservó más y más decisiones para sí mismo delegando cada vez menos tareas. Después de 1944 él sirvió como su propio Secretario de Estado, buscando consolidar y centralizar su propio poder. Algunos dirían que Pío XII era autocrático. Ciertamente, tuvo una posición fuertemente ultramontana, considerando a los cardenales y obispos como sus representantes personales.

Hay dos encíclicas de Pío XII que puestas juntas parecen paradójicas: *Divino Afflante Spiritu* (1943) y *Humani Generis* (1950). La primera, *Divino Afflante Spiritu*, parece dar una palabra definitiva y final con referencia a la erudición bíblica y teológica. El documento estimula dichos estudios y elimina el riesgo a las personas que usaban los métodos críticos y exegéticos modernos. Hay quienes consideran que este énfasis fresco en la erudición fue una etapa preparatoria y necesaria para lo que eventualmente ocurrió veinte años más tarde en el Concilio Vaticano II.

El otro documento, sin embargo, en comparación parece sumamente duro y restrictivo. *Humani Generis* fue promulgada por el Papa para detener el desvío doctrinal y teológico que Pío XII creía que estaba comenzando a amenazar al catolicismo. Algunos de los extremos que Pío XII intentaba moderar incluían el cuestionamiento de la inerrancia bíblica, la transubstanciación, la necesidad de la Iglesia para la salvación, y aun la finalidad de la autoridad del Papa en asuntos

---

22 Bokenkotter, *Concise History*, p. 406.

de fe y moral. *Humani Generis* puso nuevas prohibiciones sobre la erudición católica.

Desde una perspectiva católica romana tradicional, otro de los aspectos brillantes de su papado fue la encíclica *Mystici Corpus Christi,* promulgada en 1943. En este documento se pone énfasis en el concepto del Papa acerca de la Iglesia. Pío XII afirmó que la Iglesia —el cuerpo místico de Cristo, visible, al que se le han confiado los sacramentos como medios de salvación— es idéntica a la ICR. Luego afirmó los aspectos de la autoridad papal para la Iglesia con estas palabras:

> Pero no debemos pensar que [Cristo] gobierna sólo en una manera escondida o extraordinaria. Al contrario, [él] gobierna su cuerpo místico en una manera visible y ordinaria por medio de su vicario [el Papa] sobre la tierra... Después de su gloriosa ascensión al cielo, esta Iglesia descansó no sobre [Cristo] solo, sino sobre Pedro también, su piedra fundacional visible... Por ello, andan en un peligroso error aquellos que creen que pueden aceptar a Cristo como la cabeza de la Iglesia mientras rechazan una lealtad genuina a su vicario aquí en la tierra.[23]

De ese modo, la iglesia verdadera es la ICR visible conducida por el Papa.

El acto más notable de Pío XII fue su declaración y definición de la Asunción corporal de la bendita virgen María (es decir, la ascensión [ser "tomada arriba"] de su cuerpo resucitado a los cielos). El Papa se había declarado como un devoto de la Virgen. Así como había existido la creencia popular acerca de la Inmaculada Concepción de María antes que el papa Pío IX la declarara como dogma infalible en 1854, así también había existido la creencia popular de una asunción corporal; así se afirmaba que el cuerpo de María no había visto corrupción. De hecho, Pío IX en el siglo XIX había sostenido esa posición. En 1950, el papa Pío XII la declaró como un dogma infalible. Al defender esta posición, los teólogos católicos romanos afirman que esto sigue lógicamente después del dogma de la Inmaculada Concepción.

En el documento *Munificentissimus Deus,* el papa Pío XII cita la "evidencia" de la "tradición" de la Iglesia, afirmando:

> Por la autoridad de nuestro Señor Jesucristo, de los benditos apóstoles Pedro y Pablo, y nuestra propia autoridad, proclamamos, declaramos y definimos que es un dogma divinamente inspirado que la inmaculada Madre de Dios, la siempre virgen María, cuando terminó el curso de su vida terrenal, ella asumió cuerpo y alma en la gloria celestial.
> Por ello, si alguien —Dios lo impida— osara en forma consciente negar o poner en duda lo que hemos definido, sepa esa persona que ha abandonado completamente la fe católica y divina.[24]

---

[23] Barry, *Readings in Church History,* pp. 427-28.
[24] Manschreck, *History of Christianity,* p. 407.

Esta declaración es la primera y única proclamación dogmática hecha por un Papa desde que el Concilio Vaticano I en 1870 dijo que el Papa es infalible en asuntos de fe y moral cuando habla ex cáthedra. Esta decisión de parte de Pío XII fue desanimadora para aquellos católicos que habían comenzado a dialogar con los no católicos. Y, ciertamente, los no católicos interesados en el ecumenismo tuvieron otra piedra de tropiezo en el camino conducente a la realización de sus aspiraciones. Como un dogma, la Asunción de la bendita virgen María era entonces considerada por la ICR como una creencia esencial para la salvación.

CONCLUSION

Este capítulo comenzó con una consideración de las administraciones de los Papas que dirigieron la ICR inmediatamente después del Concilio Vaticano I. Todos los cinco Papas que se consideraron enmarcaron sus acciones papales en el criterio establecido por la Contrarreforma reaccionaria del Concilio de Trento y el ultramontanismo del Vaticano I. En aquel punto en el que alguno de ellos hizo algún intento de abrir la ICR a la más ligera posibilidad de algún tipo de acomodamiento con el mundo moderno, muy frecuentemente volvieron atrás a la primera señal de lo que interpretaban como una amenaza al catolicismo tradicional.

Cuando el papa Pío XII murió en 1958, los cambios habían hecho su impacto en la ICR. En algunas partes del mundo esos cambios habían llevado a algunas manifestaciones "locales" de catolicismo que daban señales definidas de más apertura al mundo moderno. Sin embargo, en Roma y con la Curia romana, el esquema medieval aún parecía rígidamente en su lugar, y la puerta hacia el mundo moderno estaba fuertemente cerrada. El próximo capítulo enfoca la apertura de aquella puerta en Roma, y las ventanas también, bajo el sucesor de Pío XII, el papa Juan XXIII.

10

VATICANO II: EL CATOLICISMO SE EXTIENDE AL MUNDO POSMODERNO

INTRODUCCION

No importa lo que la ICR hizo durante la primera mitad del siglo XX, parecía que el modernismo no se iría; tampoco, aparentemente, lo haría el comunismo. Los líderes católicos en lugares como Holanda y los Estados Unidos de América parecían desesperarse por ver que por lo menos se hicieran algunos cambios. Asimismo, en Africa, Asia y América Latina los líderes querían que el catolicismo encontrara su expresión en una forma más compatible con su real contexto cultural. Había también algunos líderes católicos en países con gobiernos comunistas que veían como un asunto de supervivencia la necesidad de algún acomodamiento con la realidad de la situación en que vivían.

Es probable, sin embargo, que nadie podía posiblemente imaginar los tipos y la extensión de los cambios que ocurrirían con la elección del anciano Juan XXIII a la silla papal. Casi inmediatamente el papa Juan hizo un llamado al *aggiornamento* —una actualización total para la ICR—, y llamó a un concilio para cumplir ese propósito. Lo que siguió, para muchos católicos fue motivo de entusiasmo y para otros de depresión. Para todos, incluso para los no católicos, fue uno de los fenómenos más interesantes y sorprendentes del siglo XX. Para comenzar a poner en perspectiva lo ocurrido, este capítulo brinda una atención especial al papado de Juan XXIII, el llamado del Concilio Vaticano II y un vistazo de su estructura y resultados.

EL CATOLICISMO INGRESA EN EL MUNDO POSMODERNO

Luego del Concilio Vaticano I de 1870, la ICR había manifestado una fuerte perspectiva antimodernista. Los desafíos continuos del modernismo a veces eran casi abrumadores. Como se ha indicado, los Papas que siguieron a Pío IX (1846-78), aunque algunos querían acomodarse más al mundo cambiante, frecuentemente se vieron forzados a responder fuertemente y a reaccionar negativamente a ese mundo. Pero, hacia mediados del siglo XX, el mundo había comenzado a cambiar en una forma más radical y más rápida. Los cambios eran tan dramáticos en prácticamente todas las áreas que parecía inadecuado hablar simplemente de la era de "posguerra". Muchos creyeron que había llegado una era histórica completamente nueva y comenzaron a usar la designación de era "posmoderna" para describirla.

En general, la religión era desafiada aun más dramáticamente por los cambios radicales y la necesidad de adaptación, si es que la religión había de probar ser viable en esta nueva era. En particular, la ICR fue desafiada por los nuevos desarrollos. Había luchado duro para mantener su esquema medieval frente al modernismo, incluyendo el escolasticismo de Tomás de Aquino. Ahora el catolicismo era enfrentado con el mismo asunto. Pero, debido a la magnitud de los cambios relacionados con las nuevas condiciones sociales, políticas y culturales, la pregunta más urgente era: ¿Cómo hace una institución antigua como la ICR, tan opuesta a los cambios, para convertirse en viable y relevante a un mundo posmoderno?

La Segunda Guerra Mundial había impulsado muchos avances en la ciencia y la tecnología. Se había llegado a la era atómica; se habían introducido sistemas de comunicación de masas; los sistemas de transporte habían mejorado muchísimo, no sólo en términos de mejoras para los automóviles y trenes, sino también por medio de los vuelos en aviones de turbinas. En forma repentina, el mundo era más pequeño. Relacionado con todo ello, y contra el trasfondo de dos guerras devastadoras y la amenaza de la guerra nuclear, los filósofos y teólogos comenzaron a formular preguntas nuevas y serias, buscando respuestas para las mismas. En círculos no católicos, muchos comenzaron a considerar seriamente el problema de la desunión de los cristianos. Se mostró un interés importante en el ecumenismo cuando se organizó el Concilio Mundial de Iglesias (no católicas) en 1948.

Había grandes sectores del mundo cristiano, y muchos dentro de la misma ICR, que habían comenzado a preguntarse cuándo y cómo, o si es que, el catolicismo podía responder a ese período de enorme transición. Habían existido algunos impulsos que sugerían el deseo de cambio en la Iglesia. Algunos filósofos y teólogos católicos romanos habían levantado ya preguntas y hecho sugerencias en cuanto al futuro de la Iglesia. El mismo hecho que el papado, hasta la mitad del siglo XX, había considerado necesario condenar algunas de esas sugerencias, indica la realidad de que no todos en la ICR querían mantener el esquema medieval. Algunos sectores en el catolicismo esperaban obviamente una nueva clase de liderazgo papal después de la muerte de Pío XII en 1958. Difícilmente ellos podían imaginar la sorpresa que les estaba reservada.

PAPA JUAN XXIII (1958-63)

La muerte del papa Pío XII en 1958 fue recibida con cierta ansiedad en algunos círculos de la ICR. Aunque el papa Pío XII a veces había sido una figura controversial, había transmitido la impresión de guiar a la Iglesia con una mano fuerte y autoritativa. La radio, los noticieros de cine y ahora la televisión lo habían hecho accesible a casi todo el mundo. En una era de desarrollo de la conciencia a través de los medios de comunicación, Pío XII representaba para el mundo lo que un Papa era y, para muchos, lo que un Papa debía ser. En una era de cambios increíbles Pío XII había buscado por todos los medios mantener la estabilidad para la ICR. Se comenzaron a formular algunas preguntas: ¿Puede alguien alcanzar la estatura para ser un reemplazo adecuado para Pío XII? ¿Cuál sería ahora la dirección para la ICR? Pocos podrían haber adivinado.

Angelo Giuseppe Roncalli había nacido en una familia pobre en el norte de Italia, en 1881. Era el tercero de trece hijos. Destinado para una carrera en la Iglesia estudió en Roma y recibió un doctorado en teología. Como sacerdote, Roncalli sirvió como capellán durante la Primera Guerra Mundial. Luego brilló como un diplomático de la Iglesia en lugares como Bulgaria, Turquía y Francia durante los papados de Pío XI y Pío XII. Al ser elegido como Papa en 1958, el por entonces "cardenal" Roncalli era arzobispo de Venecia.

Como Papa, el cardenal Roncalli tomó el nombre de Juan XXIII. Al ser elegido tenía 76 años de edad. Su edad parece sugerir que quienes lo eligieron estaban quizá interesados en un período interino, en el cual el papel de Juan fuera aquel de un Papa "guardián". No hay duda de que el vigor y el entusiasmo con los cuales Juan XXIII emprendió sus responsabilidades y las nuevas iniciativas que tomó como Papa sorprendieron a muchos. Un escritor ha dicho:

[Juan XXIII] mostró pronto que no sería intimidado por el protocolo del Vaticano ni inhibido por la memoria de su augusto predecesor. Como la gente advirtió pronto, este sacerdote, vestido con una sotana blanca, con su cuerpo redondo, su cabeza y nariz grandes y su poderosa quijada, era una clase de Papa totalmente nueva: Una persona simple, espontánea, que amaba la vida y a la gente y no estaba en ninguna manera atemorizado de mostrarlo.[1]

---

[1] Thomas Bokenkotter, *A Concise History of the Catholic Church*, ed. rev. (Garden City, NY: Image Books, 1979), p. 409.

Juan XXIII estableció el rumbo para su período como Papa en su coronación papal en noviembre de 1958. Juan interpretó su propia comprensión del papel del Papa como el de ser un "buen pastor". Dijo en su discurso de aquella ocasión:

> Hay quienes... esperan que el Pontífice sea un estadista, un diplomático, un científico y un organizador de nuestra vida en común... Esas personas están lejos del camino correcto, porque su manera de concebir al Sumo Pontífice no se conforma plenamente a un verdadero ideal. El nuevo Papa, durante el transcurso de los eventos de su vida, es como el hijo de Jacob que, después de reunirse con sus infortunados hermanos, les revela la ternura en su corazón y que llorando les dice: "Yo soy vuestro hermano José." El nuevo Pontífice, repitamos, corporiza principalmente aquella espléndida imagen del buen pastor que nos describe San Juan.[2]

Se han contado muchas historias acerca de Juan XXIII que hablan muy positivamente acerca de su percepción de su propia humanidad. Su preocupación pastoral se evidenció en su interés por los niños, los enfermos, los prisioneros, etc. El quebró la tradición de sus predecesores que siempre comían solos. Juan XXIII dijo que había buscado en las Escrituras para ver dónde se decía que el Papa debía comer solo y que no había encontrado nada al respecto. Por ello, él gozaba de la compañía y de la conversación con otros en sus comidas. Era espontáneo en su trato con la gente, no habiendo perdido nunca la capacidad de conversar cómodamente con el campesino o el obrero de las fábricas. A menudo diría, más bien con orgullo: "Yo nací pobre." Frecuentemente dejaba los confines del Vaticano; a veces se lo llamaba "el Papa del aire fresco".

Como se ha señalado, Juan XXIII se consideraba a sí mismo en un papel pastoral, como el buen pastor de la Iglesia. Es probable que la mayoría tienda a recordarlo como "el Papa del Concilio"; ciertamente, el llamado que hizo para el Concilio Vaticano II y el trabajo subsecuente del mismo es uno de los eventos religiosos más importantes del siglo XX. Sin embargo, probablemente cuando se considera a Juan XXIII contra el trasfondo de los Papas previos del siglo XX y en comparación con ellos, quizá los que lo describen como "el Papa sorprendente" son los que están en lo correcto.

Si es cierto que había sido elegido para servir como un Papa "interino" o "transicional", entonces Juan XXIII sorprendió a casi todos; porque en enero de 1959, sólo tres meses después de su elección, hizo pública su intención de llamar a un concilio de la Iglesia. El resultado sería el Concilio Vaticano II (1962-65). Juan XXIII moriría en 1963, antes que el Concilio completara su trabajo, pero su espíritu y su sello

---

[2] Michael Chinigo, ed., *The Teachings of Pope Paul XXIII* (Nueva York: Grosset & Dunlap, 1967), p. 10.

estaría sobre el mismo; y su estilo impactaría a los Papas subsecuentes. El estilo del papa Juan XXIII se percibía como cálido y abierto. El insistía en llamar a los otros obispos "mis hermanos obispos". Asimismo, en forma abierta él buscaba el consejo de los otros obispos. Era muy admirado a nivel mundial. Aun se decía que el primer ministro comunista de la Unión Soviética, Nikita Krushchev, tenía un gran respeto por Juan XXIII. Y, por supuesto, el "Papa pastor" era amado por su redil católico.

El desafío de Juan XXIII a la ICR tomaría la forma del *aggiornamento*, que en italiano sugiere la idea de actualizar algo. Era su deseo que su papado y el Concilio Vaticano II representara la actualización de la ICR. Muchos han citado a Juan XXIII quien, cuando se le preguntó cuál era su deseo al llamar a un concilio, respondió abriendo una ventana y diciendo: "Esto: dejar que algún aire fresco entre en la Iglesia."

Este desafío de ser más abierto al mundo moderno y su intento de actualizar la Iglesia hizo que los conservadores recalcitrantes en las filas católicas se pusieran nerviosos e incómodos. Especialmente había descontento dentro de la Curia Romana, la burocracia gubernamental de la ICR basada en el Vaticano. Como en cualquier burocracia institucionalizada, los cambios a veces se percibían como una amenaza a los mecanismos establecidos para hacer las cosas. Juan XXIII, aunque siempre puso énfasis en la dimensión espiritual de su papado, fue suficientemente político como para ser inclusivo. Aunque no permitió que la Curia controlara el Concilio, los incluyó y buscó ciertamente que ellos sintieran que su voz era oída.

El papa Juan XXIII es muy recordado por el Vaticano II. No obstante, fue exitoso en ejercer su influencia sobre la ICR y el mundo aparte de simplemente el fenómeno del concilio. Puede verse su deseo por la unidad cristiana y porque la ICR participara en la arena ecuménica en su creación del Secretariado del Vaticano para la Unidad Cristiana. Además, él invitó y permitió que observadores oficiales de iglesias y denominaciones no católicas estuvieran presentes en el Concilio Vaticano II. A su vez, observadores oficiales del catolicismo asistieron a la reunión del Concilio Mundial de Iglesias en Nueva Delhi, en 1961. Esto representaba un cambio muy grande de los predecesores de Juan XXIII. El papa Pío XI (1922-39) había sido bastante específico en cuanto a su convicción antiecuménica. Pío XI había dicho:

> Esta Sede Apostólica nunca ha permitido que sus miembros participaran en las asambleas de los no católicos. Hay sólo una manera en que se puede alentar la unidad de los cristianos, y ella es fomentando el regreso a la única y verdadera Iglesia de Cristo de aquellos que se han separado de ella... Que nuestros hijos se-

parados se acerquen a la Sede Apostólica, establecida en la ciudad que Pedro y Pablo, los Príncipes de los Apóstoles, consagraron con su sangre.[3]

Su encíclica *Mater et Magistra*, que apareció en 1961, es otro documento que trata con el pensamiento social católico y fue promulgada en el setenta aniversario de la encíclica *Rerum Novarum* de León XIII. El documento de Juan XXIII puso a la ICR honradamente en el lado de la reforma social. Juan XXIII se vio obligado a declarar la posición de la Iglesia Católica a la luz de la transformación radical en lo económico y social que había ocurrido desde la época de León XIII. Juan XXIII afirmó que la acción social realizada por personas responsables investidas con autoridad pública, puede proveer ayuda a los individuos sin necesariamente hacer que la vida del individuo sea despersonalizada. El énfasis principal en *Mater et Magistra* está en el derecho natural de la persona, siendo el Estado responsable de asegurarlo. Algunos analistas han dicho que Juan XXIII articuló una defensa del "socialismo" que León XIII había condenado. Sin embargo, Juan XXIII no consideraba que sus observaciones apoyaran la doctrina socialista.

Juan XXIII fue un vocero consistente de la paz. La retórica anticomunista que se originaba en el Vaticano fue atenuada; Juan XXIII hizo hincapié en la necesidad de coexistencia pacífica entre el Occidente y las naciones comunistas. En su encíclica *Pacem in Terris*, promulgada en 1963, Juan XXIII bosquejó las que creía eran las condiciones para la paz entre las naciones. La encíclica parece reflejar una disposición a aceptar la realidad del comunismo en el mundo y se centra en trabajar para la paz. La base para una paz duradera debe tener su fundamento en la verdad, la justicia, la caridad, la libertad y la organización correcta de la sociedad. Hizo un llamado para terminar con la carrera armamentista y la prohibición de las armas nucleares. La justicia, la razón y la humanidad demandan el desarme nuclear. Juan XXIII atacó también la injusticia racial en *Pacem in Terris*, afirmando que todos los seres humanos son iguales en su dignidad humana natural.

El período del papa Juan XXIII fue breve; pero es cierto afirmar que él se había convertido en una figura mundial muy amada. Cuando murió, en junio de 1963, la tristeza por su partida fue sentida más allá de los límites de la ICR. Juan XXIII había infundido esperanza en su Iglesia; esa esperanza no murió con él. Esto puede verse en el concilio que se convirtió en su legado. Ahora consideraremos ese concilio y sus resultados.

---

[3] E. E. Y. Hales, *Pope John and His Revolution* (Londres: Eyre & Spottiswoode, 1965), p. xiii.

EL CONCILIO VATICANO II (1962-65)

Interpretaciones católicas recientes del Concilio Vaticano II sugieren que, en general, dada la posición del catolicismo más de veinticinco años después, el mismo no logró mucho. Esa interpretación argumentaría que a pesar de la euforia que rodeó al "evento" que llegó a ser el Vaticano II, los resultados subsecuentes han sido más bien magros, y no todos ellos positivos. La mayoría de esas interpretaciones surgirían de expectativas no cumplidas, las que eran increíblemente altas en mucha gente ante las conclusiones del concilio. A pesar de esas observaciones melancólicas, el Concilio Vaticano II se destaca como quizá el evento más significativo en la historia de la iglesia durante el siglo XX. Eso es cierto en relación con la historia del catolicismo. La situación católica fue diferente después del Vaticano II. Y el mundo no católico encontró que su propia relación en relación con el catolicismo romano era también diferente.

1. El llamado del concilio

El papa Juan XXIII dio a conocer su intención de llamar a un concilio de la Iglesia en enero de 1959. Las primeras noticias que indicaban que él planeaba hacer esto decían que sería con el propósito de considerar los errores de la época y el materialismo excesivo que era tan evidente en el mundo. Mientras esa declaración obviamente aparece como algo negativo, posteriormente en aquel año —y en diferentes ocasiones— las declaraciones de Juan XXIII tuvieron un tono definidamente positivo. El sugería que el concilio serviría como una invitación a que los cristianos no católicos regresaran al redil católico romano. Además, el Papa sugirió posteriormente que ese concilio serviría al propósito de la paz mundial. Por ejemplo, en junio de ese año, en la encíclica *Ad Petri Cathedram*, él anunció que "el principal asunto del concilio será el crecimiento de la fe católica y la renovación de acuerdo con las líneas correctas de los hábitos de los católicos, y la adaptación de la disciplina eclesiástica a las necesidades y las condiciones de la época actual".[4] De ese modo, la intención era el "crecimiento" y la "renovación" dentro de la ICR misma, pero debe notarse también su visión más amplia y su esperanza para el concilio. El continuó diciendo:

---

4 Colman J. Barry, ed., *Reading in Church History*, tomo 3: The Modern Era 1789 to the Present (Nueva York: Newman Press, 1965), p. 504.

[El concilio] será seguramente una manifestación de verdad, unidad y caridad; una manifestación, ciertamente, que es nuestra esperanza que aquellos que la miren, pero que están separados de esta Sede Apostólica, la recibirán como una invitación amable para buscar y encontrar aquella unidad por la que Jesucristo oró tan ardientemente a su Padre celestial.[5]

Aquí, entonces, se manifestaba el deseo de comenzar el proceso —desde la perspectiva del Papa— de reunificar el cristianismo.

Estos mismos temas aparecieron en el documento formal de convocatoria del concilio, *Humanae Salutis*, promulgado por el Papa en diciembre de 1961. En el mismo, Juan XXIII anunciaba que el Concilio Vaticano II se reuniría en 1962. Debe notarse que en lugar de atacar la cultura corriente, la sociedad, las filosofías o aun el mismo modernismo, Juan XXIII habló más bien de la "urgencia" que había sentido de llamar al concilio "para dar a la Iglesia la posibilidad de contribuir más eficazmente a la solución de los problemas de la era moderna".[6]

El Papa Juan XXIII transmitió un fuerte espíritu de optimismo en este documento. El consideró a la ICR como igual para este desafío. Sugirió que el concilio sería "una demostración de que la Iglesia, siempre viviente y siempre joven, siente el ritmo de los tiempos".[7] El mismo énfasis optimista fue repetido en su discurso de apertura del concilio en su primera sesión, el 11 de octubre de 1962. Afirmó que sería un concilio optimista porque estaba investido del Espíritu Santo. Afirmó que estaba "en desacuerdo con los profetas de condenación [en la Iglesia] que estaban siempre anunciando desastres".[8]

Tanto en el documento de convocatoria como en el discurso ante el concilio, Juan XXIII sugirió que el Concilio Vaticano II podía resolver pasos definitivos que aumentarían la posibilidad de que los cristianos fuera del catolicismo podían encontrar el camino de vuelta hacia la Iglesia de Roma. Asimismo, en ambas oportunidades, puso énfasis en que él consideraba que el concilio tenía el potencial de contribuir a la causa de la paz mundial. Para Juan XXIII, esa paz tenía que manifestarse en las actitudes y decisiones del Vaticano II. En su discurso, él insistió en que la Iglesia Católica era tan opuesta al error como jamás había sido, pero que el concilio debía ser positivo más bien que negativo. Este énfasis representaba un apartamiento definido de los resultados del Concilio de Trento y del Concilio Vaticano I. Juan XXIII dijo al concilio:

---

[5] *Ibíd.*

[6] Walter M. Abbott, ed. gen., *The Documents of Vatican II* (Nueva York: Herder and Herder, 1966), p. 705.

[7] *Ibíd.*, p. 706.

[8] *Ibíd.*, p. 712.

La Iglesia siempre se ha opuesto... a los errores. Con frecuencia los ha condenado con la mayor severidad. En nuestros días, sin embargo, la Esposa de Cristo prefiere usar la medicina de la misericordia y no la de la severidad. Ella considera que responde a las necesidades del día actual demostrando la validez de su enseñanza más bien que por medio de condenaciones.[9]

De esa forma, luego de casi cuatro años de preparativos, el concilio comenzó su labor. El Concilio Vaticano II no se llevaría a cabo sin disensiones. Pero, después que todas las batallas fueron peleadas y las luchas de poder más o menos estuvieron resueltas, por lo menos temporariamente, el Vaticano II llevaría el sello y la influencia indelebles de Juan XXIII.

2. Sesiones del Concilio Vaticano II

El Concilio Vaticano II fue diferente de otros concilios previos en varias maneras destacadas. Una de ellas era que el público en general —no sólo en Roma, sino en todo el mundo— podía conocer casi inmediatamente lo que ocurría en las deliberaciones del concilio; la radio, la televisión y los periodistas investigadores de los periódicos lo hacían posible. Por medio de las entrevistas, los participantes agregaban interpretación y discernimiento.

Otro aspecto muy diferente del Concilio Vaticano II fue que el papa Juan XXIII invitó a iglesias y denominaciones no católicas a que enviaran "observadores". Había 31 de estos observadores que estuvieron presentes en la sesión de apertura en octubre de 1962; y para la sesión de clausura en diciembre de 1965 había 93 de ellos. Entre las entidades representadas, había observadores del Concilio Mundial de Iglesias, de la Iglesia de Inglaterra, de las iglesias luteranas y presbiterianas, de la Iglesia Metodista, y hasta de la "Iglesia Católica Antigua" y de la Iglesia Cóptica de Egipto. Algunos dirían que la presencia de estos observadores se agregaba al intento amplio del concilio de conducirse en la manera más positiva que fuera posible. Y no hay duda de que los observadores no católicos tuvieron algún grado de influencia sobre el pensamiento y las actitudes de algunos participantes. Ciertamente, el papel interpretativo de los observadores para el mundo no católico realzó las impresiones generales positivas del Vaticano II.

La apertura del concilio en octubre de 1962 fue precedida por casi cuatro años de trabajo y preparación. Como se ha visto en la sección previa, el papa Juan XXIII expresó sus esperanzas para el concilio y buscó definir su propósito en una serie de anuncios antes de aquel

---

[9] *Ibíd.*, p. 716.

comienzo en octubre. Sin duda, fue el concilio mejor preparado en la historia de la Iglesia Católica; y también fue el concilio más grande en términos de asistencia. Participaron más de 2.600 obispos de todo el mundo. En comparación, el Vaticano I tuvo poco más de 700 de asistencia.

Durante el largo período de preparación se pidió a los obispos, a los presidentes de las órdenes religiosas en la Iglesia Católica y de las universidades católicas que sugirieran para consideración aquello que percibían como los asuntos más urgentes que enfrentaba la Iglesia. Se nombraron comisiones de trabajo para que prepararan documentos para la consideración del concilio. En la etapa preparatoria la Curia Romana buscó controlar el procedimiento y el contenido relacionados con los documentos de trabajo. Los teólogos que la Curia invitó a aconsejar a las comisiones en ese punto eran, en su mayoría, de perspectiva bastante conservadora. El papa Juan XXIII invitó a algunos teólogos de una reputación más progresiva para que sirvieran como consejeros, pero la mayoría de ellos no se involucraron hasta el comienzo del concilio mismo.

Una vez que el Vaticano II estuvo en marcha, rápidamente se podía distinguir entre las líneas conservadoras y progresistas. A medida que pasó el tiempo, y cuando se requirieron más sesiones, los progresistas ganaron posiciones en las deliberaciones reales del concilio y, finalmente, la mayoría cree que ellos lograron poner un sello "progresista" en la mayoría de los documentos del Vaticano II. Pudieron hacerlo porque regresaron consistentemente a las instrucciones de realizar cambios drásticos en muchos de los documentos preparados por las comisiones, las que estaban unidas al statu quo conservador. También, los progresistas del concilio pudieron asegurar cambios en las mismas comisiones, reestructurando la membresía de las mismas en tal manera que pudieran reflejar un enfoque más balanceado y representativo.

En el análisis final, sin embargo, la dirección del Concilio Vaticano II fue determinada por los dos Papas que dieron liderazgo al mismo. Temprano en la fase preparatoria, Juan XXIII había tenido que aclarar a la Curia que éste iba a ser su concilio (el del Papa). El papa Pablo VI, el sucesor de Juan XXIII que llevaría al concilio a su final exitoso, igualmente tuvo que afirmar el tipo de liderazgo que no permitiría que los elementos conservadores en el Vaticano II estorbaran el camino de los cambios necesarios para alcanzar los propósitos originales de Juan XXIII.

Cuando se llamó al Concilio Vaticano II a comenzar su trabajo, nadie sabía cuántas sesiones se requerirían. Algunos, sin duda, creían que una sesión extendida sería suficiente. Como resultó, el Vaticano II requeriría cuatro sesiones separadas para completar su agenda y aprobar dieciséis documentos que fueron sancionados por el concilio:

Primera sesión: 11 de octubre al 8 de diciembre de 1962. No se aprobaron documentos en esta sesión.

Segunda sesión: 21 de septiembre al 4 de diciembre de 1963. El papa Juan XXIII murió en junio y fue sucedido por el papa Pablo VI. Pablo se comprometió a llevar a su completamiento el trabajo del concilio. De esa forma, él inauguró la segunda sesión. De la misma emergieron dos documentos: La *Constitución de la sagrada liturgia* y el *Decreto sobre los instrumentos de comunicación social*.

Tercera sesión: 14 de septiembre al 21 de noviembre de 1964. Fueron producidos tres documentos: La *Constitución dogmática de la Iglesia*, el *Decreto sobre ecumenismo* y el *Decreto sobre las Iglesias Católicas Orientales*.

Cuarta sesión: 14 de septiembre al 8 de diciembre de 1965. Fueron aprobados once documentos: el *Decreto sobre el oficio pastoral de los obispos en la Iglesia*, el *Decreto sobre la formación sacerdotal*, el *Decreto sobre la renovación apropiada de la vida religiosa*, la *Declaración sobre la relación de la Iglesia con las religiones no cristianas*, la *Declaración sobre educación cristiana*, la *Constitución dogmática sobre la revelación divina*, el *Decreto sobre el apostolado de los laicos*, la *Constitución pastoral sobre la Iglesia en el mundo moderno*, el *Decreto sobre el ministerio y la vida de los sacerdotes*, el *Decreto sobre la actividad misionera de la Iglesia* y la *Declaración sobre la libertad religiosa*.

Los documentos tienen diferentes designaciones; es decir, algunos son "constituciones", otros son "decretos" y otros son "declaraciones". Las "constituciones" tratan con material que básicamente es de naturaleza doctrinal. Son "constituciones" en el sentido que reflejan algo que tiene que ver con lo más básico (constitucional) o las dimensiones fundacionales de la Iglesia. Adicionalmente, dos de las constituciones del Vaticano II, la que considera a la Iglesia y la que trata con la revelación, llevan la designación agregada de ser "dogmáticas" (es decir, relacionadas con el "dogma", algo que la Iglesia Católica declara que es creencia esencial para los fieles). Así, es la forma del concilio de decir que esos dos documentos consideran asuntos que son una parte del contenido dogmático de la enseñanza de la Iglesia. La constitución que trata con la "Iglesia en el mundo moderno" tiene la palabra "pastoral" en el prefacio. Esto refleja un intento de cambiar la Iglesia Católica de lo que hasta el Vaticano II se percibía como una relación de adversaria con el mundo. "Pastoral" sugiere algo bastante positivo en términos de interés y ministerio. Por supuesto, las "constituciones" son consideradas como más autoritativas que los "decretos" o las "declaraciones". Esas dos designaciones se usan en relación con aquellos documentos que enfocan asuntos más prácticos y/o preocupaciones inmediatas que enfrenta la Iglesia Católica.

A la luz de los comentarios iniciales y de la cantidad de tiempo requerida para aprobar los documentos, no debe sorprendernos que el Vaticano II tuvo sus momentos de drama y de luchas internas. Aquello que finalmente fue promulgado por el Concilio Vaticano II transmite la impresión que los progresistas ganaron bastante, pero frecuentemente al costo de ceder significativamente. De modo que, en general, como resultado del concilio habrían de verse algunos aspectos de cambios verdaderamente importantes en la ICR; al mismo tiempo, algunas cosas no cambiaron en absoluto.

3. Los "expertos" teológicos del Concilio Vaticano II

Algunos teólogos de la ICR fueron invitados al Concilio Vaticano II. A algunos se les encomendaron responsabilidades especiales como *periti* —"expertos"— una designación que parecía ser aplicada indiscriminadamente a todos ellos. Otros entre el contingente teológico, que no eran *periti* "oficiales", se relacionaron con otras actividades y funciones del concilio, o servían como consejeros teológicos personales para obispos individuales. Sería difícil sobrestimar el papel importante que desempeñaron estos teólogos en la progresión y el resultado general del concilio. Así como Juan XXIII puso su sello indeleble en cuanto a la apertura del concilio, así los *periti* dejaron su sello teológico sobre el mismo.

Hacia la época en que el Concilio Vaticano II terminó en 1965, unos 480 de los así llamados "expertos" teológicos habían estado presentes en varias oportunidades durante el curso de las reuniones del concilio. Aunque se les permitía asistir a las reuniones formales del concilio, no tenían derecho a voz ni a voto. Sin embargo, podían ser llevados a las sesiones de trabajo de las diferentes "comisiones" en las que se llevaba a cabo el trabajo real de formular los documentos que serían presentados al concilio en sesión formal. En dichas sesiones de trabajo ellos podían frecuentemente ser participantes activos si se les invitaba a hacerlo así. Quizá el impacto principal de los teólogos sobre el concilio, sin embargo, fue más el resultado de contactos influyentes en escenarios más informales. Esto ocurriría cuando los teólogos buscaban a los obispos y otros, o viceversa, para entrevistas personales o cuando conversaban en diferentes ocasiones sociales. Además, algunos de los teólogos profesionales, en diferentes oportunidades, daban conferencias formales sobre temas que estaban bajo consideración por el concilio.

Sería incorrecto considerar la aparición de los *periti* y su habilidad para ganar audiencia para sus conceptos, y a menudo una aceptación de éstos también, como habiendo ocurrido dentro de un vacío teológico; ese no era en absoluto el caso. La lista de aquellos que asistieron aparece como un "Quién es quién" de los teólogos católicos romanos: personas como Gregory Baum, Yves Congar, Jean Danielou, Hans Küng, Bernard Lonergan, John Courtney Murray y Karl Rahner, son sólo unos pocos de aquellos que estaban en escena. Ellos representaban toda la gama de la opinión teológica que se podía encontrar en el catolicismo de 1962. Los que estaban presentes que han llegado a ser designados como pertenecientes a los teólogos católicos "progresistas", incluían a algunos que ya habían estado ocupados en investigación y escritura en varias áreas a las cuales el Vaticano II dedicó su atención. Esto fue especialmente cierto en el área de la eclesiología (la doctrina de la iglesia).

En el área de la eclesiología, mucha de la terminología que aparece en los documentos del Concilio Vaticano II (como "pueblo de Dios", "siempre en necesidad de reforma", etc.) había aparecido antes en los escritos de personas como Yves Congar y Hans Küng. La obra de Congar de 1953, *Lay People in the Church* (Los laicos en la iglesia) tenía que ser influyente en el pensamiento del concilio cuando se redefinía el papel de los laicos católicos. Igualmente, el libro de Hans Küng de 1961, *The Council and Reunion* (El concilio y la reunión), que apareció antes de la apertura del concilio pero anticipando el mismo, pone su enfoque en el potencial del Vaticano II como un instrumento para la renovación y reforma en la Iglesia Católica.

Los teólogos profesionales de la ICR, entonces, ejercieron una influencia fuerte sobre el concilio. Los teólogos individuales como aquellos mencionados antes continuarían siendo influyentes en presionar a la Iglesia en la realización de las implicaciones del Vaticano II. Al mismo tiempo, ellos servirían como los intérpretes teológicos de los documentos del Concilio Vaticano II.

CONCLUSION

Este capítulo ha establecido el marco histórico del Concilio Vaticano II. El liderazgo de los papas Juan XXIII y Pablo VI ayudó al concilio a mantener el curso para lograr su propósito general —*aggiornamento*— de actualizar y hacer que la ICR fuera más relevante a la era moderna o "posmoderna". El capítulo siguiente trata con el papado de Pablo VI y algunos de los énfasis más significativos del Vaticano II que representan algún grado de cambio o el cumplimiento del *aggiornamento*. Al mismo tiempo, se considerará algo de lo que no cambió en el catolicismo.

11

VATICANO II: INTERPRETANDO LO NUEVO Y LO ANTIGUO

INTRODUCCION

Poco tiempo después de la finalización del Concilio Vaticano II y cuando los obispos ya habían regresado a sus hogares y a la rutina de sus responsabilidades, el papa Pablo VI dijo: "No debemos separar las enseñanzas del concilio de la herencia doctrinal de la Iglesia."[1] Pablo VI, cuya interpretación tendría indudablemente mucho más peso que la de cualquier otro participante del concilio, aclaraba que el Vaticano II no representaba algo totalmente nuevo; tampoco anulaba posiciones doctrinales previas del catolicismo. Más bien, el concilio había construido sobre el fundamento del pasado y, de esa forma, debe ser considerado en relación con todo lo que lo había precedido.

El papa Pablo VI influyó grandemente en el resultado del Concilio Vaticano II, y ese hecho será destacado en este capítulo. El entendió la necesidad de cambios en muchas áreas. Al mismo tiempo, Pablo VI comprendió que algunas cosas no podían cambiar y, desde esa perspectiva, no debían cambiar. De modo que esa es exactamente la realidad cuando examinamos los documentos del Vaticano II.

En las constituciones, declaraciones y decretos del Concilio Vaticano II emergen algunos énfasis sorprendentemente nuevos y significativos, los que continuarán produciendo cambios dentro del catolicismo; este capítulo señala algunos de los aspectos más importantes de esos cambios. Al mismo tiempo, se brindará atención a los elementos y enseñanzas en el catolicismo que no sólo no cambiaron sino que, de hecho, fueron reafirmados por el concilio. Ambos elementos — de cambio e incambiados— han tenido un impacto significativo sobre la ICR desde 1965.

---

[1] "Paul Stresses Council Link to Tradition", *The National Catholic Reporter* 12 (19 January 1966), p. 1.

EL PAPA PABLO VI Y EL CONCILIO

Al morir Juan XXIII, había ansiedad entre algunos "progresistas" en la ICR. Ellos estaban preocupados en cuanto a si el nuevo Papa continuaría moviendo al catolicismo en la dirección iniciada por Juan XXIII. Esos temores fueron rápidamente aliviados con la elección del cardenal Giovanni Battista Montini, de 65 años, que tomó el nombre de Pablo VI. El nuevo Papa había sido el primer cardenal nombrado por el papa Juan XXIII, y en general se creía que había sido el deseo de éste que el cardenal Montini fuera su sucesor.

Las primeras palabras del papa Pablo VI después de su elección constituyeron una promesa de continuar con el concilio. Antes que el Concilio Vaticano II fuera llamado nuevamente a sesión, Pablo VI ajustó las estructuras y procedimientos con la intención de que los asuntos del concilio pudieran ser considerados en manera más fácil y rápida. Su discurso de apertura de la segunda sesión del Vaticano II, en septiembre de 1963, tuvo la intención de recordar a los obispos reunidos el propósito del concilio. Luego desarrolló cuatro énfasis claros que él deseaba que fueran dominantes en los resultados finales del concilio: (1) Una definición clara de la naturaleza de la Iglesia; (2) la renovación de la Iglesia; (3) la restauración de la unidad entre todos los cristianos; y (4) la iniciación de un diálogo con el mundo contemporáneo.

A medida que el concilio progresó bajo el liderazgo de Pablo VI, los debates en las sesiones del mismo probaron ser intensos y, a veces, sarcásticos. Asimismo, la impaciencia con las diferentes comisiones de trabajo resultó en críticas duras por parte de algunos obispos hacia algunos miembros de las comisiones. Se enviaron al Papa varias peticiones de grupos de obispos queriendo ganar una ventaja. En varias ocasiones, el papa Pablo VI recibió en privado a los representantes de una posición o enfoque particular. De ese modo, a menudo el Papa tenía que hacer algo en un intento de alcanzar un acuerdo. Esto tuvo como consecuencia que fuera forzado a tomar decisiones duras durante el curso del concilio y esto afectó su popularidad entre los obispos. Sin duda, siendo Papa, él creía que tenía que balancear sus propios sentimientos y decidir a la luz de lo que consideraba los intereses "institucionales" más amplios. El resultado final fue que, aunque en el balance los elementos progresistas parecen haber dominado, ningún grupo de obispos representando algún punto de vista particular alcanzó todo lo que quería del Concilio Vaticano II. Algunas cosas cambiaron como resultado del concilio, otras no lo hicieron.

CAMBIOS IMPORTANTES COMO RESULTADO DEL VATICANO II

Algunos de los cambios que ocurrieron dentro de la ICR como resultado del Concilio Vaticano II probaron ser bastante importantes. Por ejemplo, los cambios relacionados con la liturgia de la Iglesia Católica tuvieron un efecto inmediato que fue dramático. Seguramente la mayoría de los cambios, y probablemente los más significativos, eran los cambios de actitudes y espíritu dentro del catolicismo romano. Los documentos promulgados por el Vaticano II reflejan esos cambios.

1. La naturaleza de la Iglesia

El papa Pablo VI había puesto énfasis en su deseo de que el concilio preparara una definición clara de la naturaleza de la Iglesia. La mayoría de los analistas están de acuerdo en que las declaraciones más importantes que surgieron del Concilio Vaticano II tenían que ver con la doctrina de la Iglesia. Debe notarse claramente que los documentos no cambian la autocomprensión del catolicismo romano —con siglos de antigüedad— en cuanto a su eclesiología alta que pone énfasis en la ICR como la única iglesia verdadera fundada sobre el papado. Al mismo tiempo, el documento sobre la *Constitución dogmática de la Iglesia* representa un cambio definido en el enfoque de los cuatro siglos anteriores desde el Concilio de Trento.

Los primeros borradores del documento preparado por las comisiones de trabajo fueron rechazados por el concilio y regresados para ser rehechos. Esos borradores habían hecho hincapié en los aspectos institucionales y jerárquicos de la ICR. El documento finalmente aprobado por el concilio cambia de un énfasis predominantemente institucional al interés de poner como primaria una visión misionera para la Iglesia. Antes del Concilio Vaticano II, la ICR había sido considerada principalmente como una institución a ser reverenciada, apoyada y defendida. Ahora los obispos en el Vaticano II declararon que la Iglesia Católica debe ser mirada a la luz de la misión del Buen Pastor. De modo que hay un énfasis sobre servir en lugar de ser servida. El sacrificio debe ser característico de la Iglesia: El Buen Pastor, ¿no puso su vida en sacrificio por las ovejas? Se elabora mucho en cuanto a la relación paradógica entre las dimensiones divinas y humanas dentro de la Iglesia. Por ello, la humildad halla su expresión en el documento. Si la Iglesia está compuesta de los débiles y los pecadores, entonces necesita una renovación constante. Pero la constitución humana de la

Iglesia y la debilidad asociada con ella está sostenida por la visión gloriosa que Dios le ha dado a la misma.

El cambio de actitud se ve más en la terminología que se usa en el documento. La definición parece dar lugar a la descripción. El concepto clave para "iglesia" está expresado en el tema dominante de la Iglesia como el "pueblo de Dios", lo cual es un cambio definido que la aleja del foco institucional. Ese tema está interpretado cristológicamente ("cuerpo de Cristo"), poniendo así el énfasis en la necesidad de la Iglesia Católica de modelar el ministerio del Buen Pastor en términos de testimonio y servicio. Además, la Iglesia como el "pueblo de Dios" es una iglesia "peregrina", en un peregrinaje a través de la historia guiado por aquella visión gloriosa citada arriba.

La Iglesia Católica como el "pueblo de Dios" habla también al tema de los laicos y su papel en la Iglesia. La Iglesia es todo el pueblo de Dios, no sólo la jerarquía. De esa forma, los laicos son parte de la "misión" y tienen responsabilidades definidas. Así, el documento sobre la Iglesia y el documento subsecuente sobre los laicos convirtieron a la ICR —así como fue interpretada por el Vaticano II— en una Iglesia más inclusiva.

2. El papel de los laicos

El documento sobre la Iglesia con su énfasis en "todo" el pueblo de Dios hizo necesario el *Decreto sobre el apostolado de los laicos*. Como se indicó en un capítulo previo,[2] el "apostolado" tiene que ver con servicios prestados a la Iglesia y en favor de ella por medio de obras piadosas; por ello, el documento tiene que ver con el papel servicial de los laicos dentro del catolicismo. A la luz del trasfondo de la nueva comprensión de la naturaleza de la Iglesia por el Vaticano II, se puso un énfasis fuerte en que los laicos tienen un papel definido que cumplir en la misión de la Iglesia.

Este papel realzado de los laicos se desarrolló también en relación con varios dilemas y necesidades prácticas que enfrentaba la ICR en esa época. Por ejemplo, en muchos países y áreas del mundo existía un sentimiento anticlerical; había resentimiento hacia los sacerdotes; y el número de sacerdotes se había reducido grandemente, de modo que había una escasez de recursos humanos disponibles en la Iglesia.

El papa Pablo VI había establecido su propia perspectiva cuando indicó que los laicos son "el puente de la Iglesia al mundo moderno", haciéndose eco del énfasis del papa Pío XI en el desarrollo del

---

[2] Ver cap. 9 y el tratamiento del papa Pío XI.

movimiento de los laicos católicos conocido como "Acción Católica".[3] De acuerdo con el decreto del Vaticano que trata del apostolado laico, los laicos están en una posición y, a la luz de la Iglesia Católica, tienen la responsabilidad de llevar la fe católica al "mercado": "Un campo que principalmente es accesible a ellos", como señalaba el decreto.[4] Hay, entonces, un cambio en el énfasis: De la percepción de que el papel de los laicos era sólo secundario o derivado de aquel del clero, al actual que considera que los laicos necesitan asumir un papel principal en la Iglesia. El decreto afirma:

> Dado que, en este nuestro tiempo, hay nuevos problemas que surgen y errores sumamente serios que están alcanzando popularidad y tienden a minar los fundamentos de la religión, el orden moral y la sociedad humana misma, este sagrado sínodo sinceramente exhorta a los laicos, cada uno de acuerdo con sus dones y aprendizaje naturales, que sean más diligentes en hacer su parte de acuerdo con la mente de la Iglesia, para explicar y defender los principios cristianos, y aplicarlos correctamente a los problemas de nuestra era.[5]

En relación con los laicos, el Concilio Vaticano II también cambió de dirección cuando puso énfasis en que todos los fieles deben ser animados a leer la Biblia. Aunque ese tema emerge del documento titulado *Constitución dogmática sobre la revelación divina*, destacamos aquí el estímulo que dio en esa área el Vaticano II. El documento dice específicamente: "Debe proveerse un acceso fácil a las Sagradas Escrituras a todos los cristianos fieles."[6] Es informativa una nota insertada al pie de la página en el texto en este punto, por el editor católico de *Los documentos del Vaticano II*. El comentario es este: "Esta es quizá la sección más nueva de la Constitución. Desde los primeros tiempos de la Iglesia ningún documento oficial había pedido la disponibilidad de las Escrituras para todos."[7] Ciertamente, desde el Concilio de Trento en el siglo XVI se había desanimado la lectura de la Biblia. Además, el hecho que la Vulgata latina había sido declarada como la versión oficial de la Biblia de la ICR, hacía que las Escrituras simplemente no estuvieran generalmente accesibles a los católicos en sus propios idiomas.

Esta nueva promoción de la lectura de la Biblia y el hacer que las Escrituras estuvieran disponibles a los laicos en sus propios idiomas señala un cambio importante en el catolicismo. Debe notarse espe-

---

3 *Ibíd.*

4 Walter M. Abbott, ed. gen., *The Documents of Vatican II* (Nueva York: Herder and Herder, 1966), p. 490.

5 *Ibíd.*, p. 496.

6 *Ibíd.*, p. 125.

7 *Ibíd.*, pp. 125, 26.

cialmente que sus planes anticipaban que "si, dada la oportunidad y la aprobación de la autoridad eclesiástica, esas traducciones son producidas también en cooperación con los hermanos separados (no católicos), todos los cristianos podrán usarlas".[8] Un aspecto interesante de proyectos en cooperación entre católicos y no católicos desde el Vaticano II han sido proyectos conjuntos en algunas áreas de distribución de las Escrituras.

De ese modo se estimula la lectura de la Biblia por los laicos. Sin embargo, más adelante en este capítulo se notará que aún permanece como un hecho que la ICR retiene el oficio de enseñanza para sí misma en el papel exclusivo de intérprete de la Biblia.

3. Cambios en la adoración

La *Constitución de la sagrada liturgia* fue el primer documento en recibir su aprobación por el Concilio Vaticano II. Esto ocurrió durante la segunda sesión que se reunió en el otoño europeo de 1963. Su aceptación señaló el tono general y la dirección progresista que tomaría el concilio.

Hay varios énfasis particulares que emergen en y son un resultado del documento que revisa el enfoque de la Iglesia en cuanto a la adoración. Probablemente el más significativo fue la autorización del uso de los idiomas vernáculos en la adoración. Esto señala a un énfasis doble. El primero era que la adoración debía ser inteligible para el adorador católico fiel y, de esa forma, cumplir con ella conduciéndola en su propio idioma. El segundo, consistente con la misión de la Iglesia Católica y su autocomprensión de su papel evangelístico, la adoración debía presentar al mundo no católico un mensaje inteligible en relación con "el misterio de Cristo y la naturaleza verdadera de la verdadera iglesia".[9] La perspectiva de aquellos que apoyaron el documento sobre la liturgia era que el evangelio ha de ser proclamado no sólo en palabras sino también en ritual, y que el ritual debe ser entendido.

También se hizo hincapié en la "participación activa" de parte de los laicos; una sección completa del documento trata ese tema. En cierto lugar se afirma: "Con celo y paciencia, los pastores de almas deben promover la instrucción litúrgica de los fieles, y también su participación activa en la liturgia, tanto interna como externamente."[10] Y luego se encuentra lo siguiente: "Como manera de pro-

---

[8] *Ibíd.*, p. 126.
[9] *Ibíd.*, p. 137.
[10] *Ibíd.*, p. 145.

mover la participación activa, la gente debe ser animada a participar por medio de aclamaciones, respuestas, salmodias, antífonas y cantos, tanto como acciones, gestos y actitudes corporales. Y, en los momentos apropiados, todos deben observar un silencio reverente."[11] Además, se implica mucha libertad en la siguiente afirmación:

> Provisto que se mantenga la unidad substancial del rito romano, la revisión de los libros litúrgicos debe permitir variaciones y adaptaciones legítimas a diferentes grupos, regiones y pueblos, especialmente en tierras de misión. Donde sea adecuado, la misma regla se aplica a la estructura de los ritos y a la preparación de rúbricas.[12]

Aquí se presenta un punto importante. El documento sobre la liturgia proveyó una base para la experimentación dentro de la ICR. Esa experimentación, que comprobó su aplicación en relación con la adoración, sería considerada en términos de un principio de experimentación más amplio. De modo que muchos dentro de la ICR considerarían que la experimentación era apropiada e incorporarían ese principio en otras áreas además de la adoración.

4. Una nueva actitud hacia otros cristianos

El movimiento ecuménico que se manifestaba en círculos no católicos después de la Segunda Guerra Mundial llamó la atención de algunos en la ICR. Como se ha notado, el papa Juan XXIII reflejó un interés profundo en el ecumenismo en la mayoría de sus declaraciones públicas relacionadas con su llamado del Concilio Vaticano II. El dijo que la esperanza y propósito era que el Vaticano II pudiera servir como una invitación para aquellos que estaban separados del catolicismo para que volvieran a la Iglesia de Roma. Y, como se ha indicado, él aun tomó decisiones concretas que reflejaban este interés, al crear el Secretariado para la Promoción de la Unidad Cristiana e invitando a no católicos a asistir al Concilio Vaticano II como observadores.

Considerando la expresión militante del catolicismo tradicional desde el Concilio de Trento y el aún más reciente Concilio Vaticano I, es verdaderamente notable que un documento como el *Decreto sobre ecumenismo* pudiera haber salido del Vaticano II. El decreto reconoce a los cristianos no católicos como "hermanos separados" en lugar de herejes o cismáticos. La retórica del documento pone énfasis en la relación de hermanos más bien que en el hecho de la separación.

El *Decreto sobre ecumenismo* no habla mucho en cuanto a las dificultades que rodean aquellos factores que continúan separando a los

---

[11] *Ibíd.*, p. 148.
[12] *Ibíd.*, p. 151.

católicos de los no católicos, y ciertamente no brinda respuestas a esos problemas, sino que intenta reflejar un cambio de actitud claro hacia los cristianos no católicos. Aunque la ICR permanece como la única iglesia verdadera a la luz del concilio, otros cristianos no católicos pueden reclamar ahora una legitimidad para sus expresiones de la fe cristiana que el catolicismo puede ahora afirmar. Esa legitimidad desde la perspectiva de la Iglesia Católica fue conferida en estas palabras que se encuentran en el decreto:

> Los hermanos divididos de nosotros llevan a cabo también muchos de los actos sagrados de la religión cristiana... De acuerdo con la condición de cada iglesia o comunidad, esos actos pueden engendrar verdaderamente una vida de gracia y pueden ser descriptos correctamente como capaces de proveer acceso a la comunidad de la salvación.
>
> Como resultado, estas iglesias o comunidades separadas... no han sido privadas de ninguna manera de significación e importancia en el misterio de la salvación. Porque el Espíritu de Cristo no ha dejado de usarlos como medios de salvación...[13]

El documento se centra más en el desarrollo de un espíritu de unidad con los hermanos separados que en algún intento de unidad orgánica. La Iglesia Católica hace sugerencias específicas para mantener el movimiento en la dirección de desarrollar un espíritu de este tipo. Entre las sugerencias están: (1) Los católicos deben responder a los hermanos separados con amabilidad y consideración, "con verdad y justicia"; (2) los católicos deben entrar en diálogo con aquellos de "diferentes iglesias y comunidades"; y (3) se permite alguna participación de los católicos con los no católicos en experiencias limitadas de adoración. La ICR, como resultado del Vaticano II, parecía dirigida a entrar en el diálogo ecuménico más amplio de su tiempo.

5. Una nueva actitud hacia el mundo moderno

La *Constitución pastoral sobre la Iglesia en el mundo moderno* marcó otro cambio de una actitud diferente de la que había sido reflejada en tanta de la retórica asociada con las condenaciones del modernismo por parte del catolicismo romano previo al Vaticano II. Las declaraciones de esta constitución reflejaban una apertura genuina hacia los aspectos positivos de la era científica moderna. Buscó quitar a la ICR del papel de adversaria en relación con el mundo moderno y ubicarse a sí misma no en posición de dominio sino como la sierva del mundo. La Iglesia Católica "no inspirada por una ambición terrenal" prometía adherirse a un modelo cristológico en relación con el mundo; es decir, "llevar adelante la obra de Cristo mismo... [quien] entró en el

---

13 *Ibíd.*, p. 346.

mundo... para rescatar y no sentado para juzgar, para servir y no para ser servido".[14]

La *Constitución pastoral* revisa las enseñanzas sociales del catolicismo romano, volviendo a la *Rerum Novarum* (1891) del papa León XIII,[15] y continuando la discusión hasta la *Mater et Magistra* (1961) del papa Juan XXIII.[16] El documento, igualmente, considera una gran cantidad de temas tales como la vida familiar, asuntos económicos y sociales, política, tecnología y ciencia, etc. Uno de los aspectos más interesantes de la *Constitución pastoral* es que, aunque brinda instrucciones específicas sobre cómo los fieles católicos deben adoptar las enseñanzas católicas sobre asuntos específicos, aun nota que se considerará adecuada una discusión posterior y se deja abierto el camino para una nueva decisión papal posterior. Por lo tanto, debe verse un quebrantamiento de la rigidez medieval que caracterizó al catolicismo antes del Vaticano II.

6. Un movimiento hacia la libertad religiosa

Algunos analistas se han referido a la Declaración sobre la libertad religiosa como el "decreto americano". Es cierto que los obispos de los EE. UU. de A. que participaron en el concilio estaban comprome-tidos para que hubiera cambios en la posición oficial de la ICR sobre este tema. El enfoque por mucho tiempo de la ICR sobre la libertad religiosa era considerarla básicamente como un "error", y como frecuentemente afirmaba la Iglesia, "los errores no tienen derechos". Dado que sólo la ICR posee la verdad, sólo esa Iglesia tiene la libertad religiosa plena para cumplir con su misión. Otros grupos religiosos, habían argumentado a menudo, deben ser suprimidos por el Estado. Se habían establecido concordatos a ese fin con algunas naciones, particularmente en América Latina. Allí donde prevalecían los gobiernos no católicos, ellos buscaban una libertad religiosa de un tipo más general, dado que la ICR en esos lugares se beneficiaría. Pero ese no era el ideal.

Aquellos que presionaban para que hubiera una posición distinta por medio del Concilio Vaticano II lo hacían sobre la base de una realidad en el mundo a mitad del siglo XX. Además, los que apoyaban el cambio señalaban que alguien como el papa León XIII (1873-1903) había afirmado autoritativamente que nadie debía ser obligado a

---

[14] *Ibíd.*, p. 201.
[15] Ver cap. 9 y el tratamiento del papa León XIII.
[16] Ver cap. 10, y el tratamiento del papa Juan XXIII

aceptar la fe católica.[17] Aquellos que presionaban en favor de una declaración positiva en cuanto a la libertad religiosa argumentaban que el asunto tenía su fundamento en los derechos humanos y en la dignidad del individuo.

El documento que ganó la aprobación del concilio, después de mucho debate, estaba fuertemente del lado de aquellos que buscaban cambios. Las palabras iniciales del documento son bastante significativas:

> Un sentido de la dignidad de la persona humana ha estado dejando su impresión más y más profundamente sobre la conciencia del ser humano contemporáneo. Y se pide más y más que los seres humanos actúen en base a su propio juicio, gozando y usando una libertad responsable, no motivada por coerción sino motivada por un sentido del deber. Se hace también la demanda que deben ponerse límites constitucionales a los poderes del gobierno, para que no haya avasallamiento de la libertad debida de las personas y de las instituciones.
>
> Esta demanda de libertad en la sociedad humana considera principalmente la búsqueda de los valores debidos al espíritu humano. Considera, en primer lugar, el libre ejercicio de la religión en la sociedad.[18]

Más adelante en el documento, se pone énfasis en que:

> Uno de los mayores dogmas de la doctrina católica es que la respuesta del hombre a Dios en fe debe ser libre. Por ello, nadie ha de ser forzado a abrazar la fe cristiana en contra de su voluntad...
>
> Por ello, es completamente de acuerdo con la naturaleza de la fe que en asuntos religiosos debe excluirse toda forma de coerción de parte de los seres humanos. En consecuencia, el principio de libertad religiosa hace una contribución no pequeña a la creación de un ambiente en el cual los seres humanos pueden ser invitados, sin impedimento, a la fe cristiana, y abrazarla con su propio libre albedrío, y profesarla efectivamente en todos los aspectos de su vida.[19]

Es importante también que la libertad religiosa, como fue promulgada en la declaración del Vaticano II, se aplica no sólo a los individuos sino también a otros grupos religiosos. Esto significa que otras denominaciones cristianas tienen que tener la garantía a la libertad en practicar su expresión particular de la fe cristiana. Asimismo, las religiones no cristianas tienen que tener la misma libertad.

ALGUNAS COSAS NO CAMBIARON

Así como los cambios efectivos fueron importantes —como se indicó arriba— en hacer que el mundo no católico mirara al catolicis-

---

[17] Ver cap. 9 y el tratamiento del papa León XIII.
[18] Abbott, *Documents of Vatican II*, p. 675.
[19] *Ibíd.*, pp. 689, 90.

mo romano en una nueva manera, no fueron menos significativas las cosas que *no* cambiaron como resultado del Vaticano II. Estos "no cambios" constituyen algunos de los elementos que distinguían a la ICR como separada de los no católicos antes del concilio; y algunas de esas cosas continúan definiendo aquella singularidad en relación con los no católicos después del concilio. Estos "no cambios" que salieron a la luz en el Concilio Vaticano II reflejan el tradicionalismo católico de los concilios de Trento y Vaticano I.

1. Reafirmación de la primacía papal y de la infalibilidad papal

Durante el Concilio Vaticano II e inmediatamente después, se habló mucho del concepto de "gobierno colegiado" de los obispos. La terminología sugería ciertos aspectos comúnmente asociados con un sistema de decisiones compartidas. Ciertamente, la reacción inicial parecía sugerir que la Iglesia Católica estaba dando un paso que la alejaba de la completa dominación por el papado hacia una forma de gobierno más representativa. La interpretación parecía indicar que la realización del colegialismo negaría la supremacía papal y llevaría a un fin la situación en la cual el Papa actuaba independientemente de los obispos. Esas sugerencias e interpretaciones probaron ser bastante prematuras y ciertamente ese no fue el caso.

El Vaticano II reafirmó la supremacía y el poder papales. El poder del Papa no fue limitado en ninguna manera. El colegialismo, aunque adoptado en teoría en el concilio, probó ser un concepto muy limitado. Los obispos podían actuar en nombre de la Iglesia *sólo* en unión con el Papa; los obispos no tenían el derecho de actuar colegiadamente aparte de él. El Papa, por otra parte, es libre para actuar solo, aparte de los obispos. El resultado en cuanto a este asunto y la claridad con la cual fue declarado no deja dudas en cuanto a la supremacía papal. Con relación al colegio de obispos, la *Constitución dogmática de la Iglesia* declara: "El orden de los obispos... junto con su cabeza, el pontífice romano, y nunca sin su cabeza, el orden episcopal es el sujeto de supremo y pleno poder sobre la Iglesia universal. Pero este poder puede ser ejercido solamente con el consentimiento del pontífice romano."[20] De ese modo, hay limitaciones sobre el poder de los obispos y el poder que existe en el colegialismo se deriva del Papa. En relación con la primacía papal, el concilio afirmó:

El colegio... de obispos no tiene autoridad a menos que sea simultáneamente concebida en términos de su cabeza, el pontífice romano, el sucesor de Pedro, y sin ninguna atenuación de su poder de primacía sobre todos, pastores tanto como los

---

[20] *Ibíd.*, p. 43.

fieles en general. Porque en virtud de su oficio, esto es, como vicario de Cristo y pastor de toda la Iglesia, el pontífice romano tiene un poder pleno, supremo y universal sobre la Iglesia. Y él puede siempre ejercer este poder con libertad.[21]

Asimismo, el Vaticano II reafirmó la infalibilidad papal. Básicamente, como se encuentra en la misma *Constitución dogmática de la Iglesia*, se repitió el dogma como había sido promulgado en el Concilio Vaticano I. El Papa "goza" de esta infalibilidad "al definir una doctrina de la fe y la moral" cuando "él proclama por un acto definido alguna doctrina de la fe y la moral".[22] Además, se afirmó que cuando él está funcionando en aquel papel, "entonces el pontífice romano no está pronunciando un juicio como una persona privada. Más bien, lo hace como el supremo maestro de la Iglesia universal, como uno en el cual está individualmente presente el carisma de la infalibilidad de la misma Iglesia...[23] De esa forma, la comprensión tradicional del catolicismo en cuanto a la primacía y la infalibilidad papales no cambiaron con el Vaticano II.

2. Reafirmación de la tradición como autoridad

El Concilio de Trento en el siglo XVI, reaccionando ante el gran principio protestante de la *sola scriptura* ("Escritura sola"), había afirmado la base tradicional de autoridad doble en el catolicismo: la Escritura y la Tradición.[24] Aunque no hay anatemas agregados a los documentos del Vaticano II, sin embargo, hay una clara reafirmación en cuanto a las fuentes de autoridad en el catolicismo romano.

El Concilio Vaticano II reconoció a Dios como la fuente de autoridad singular, un concepto bien declarado con el cual estarían de acuerdo los no católicos. Pero para los católicos romanos, las manifestaciones prácticas aún han de encontrarse en la Escritura y la tradición. Por ejemplo, en la *Constitución dogmática sobre la revelación divina*, en el capítulo que considera la "Transmisión de la revelación divina", se considera que Dios ha dado "tanto la sagrada tradición como las sagradas Escrituras". Juntas, ellas "forman un depósito sagrado de la palabra de Dios, que ha sido entregado a la Iglesia".[25] Así, "tanto la sagrada tradición como las sagradas Escrituras deben ser aceptadas y veneradas con el mismo sentido de devoción y reverencia".[26]

---

[21] *Ibíd.*

[22] *Ibíd.*, pp. 48, 49.

[23] *Ibíd.*, p. 49.

[24] Ver cap. 4 y el tratamiento de la definición de "autoridad".

[25] Abbott, *Documents of Vatican II*, p. 117.

[26] *Ibíd.*

Hay un énfasis adicional que se encuentra en esta sección del documento; se hace hincapié sobre el papel del "oficio viviente de enseñanza de la Iglesia". Eso se traduce como el "magisterio". En el sentido más estrecho y específico del término, significa la autoridad de enseñanza del Papa. Específicamente, entonces, el papel del magisterio de la Iglesia es interpretar la Escritura y la tradición porque, como señaló el concilio, "la tarea de interpretar auténticamente la palabra de Dios, sea escrita o transmitida, ha sido confiada exclusivamente al oficio viviente de enseñanza de la Iglesia".[27] El documento continúa afirmando:

> Es claro, por lo tanto, que la sagrada tradición, la sagrada Escritura y la autoridad de enseñanza de la Iglesia... están tan relacionadas y unidas que una no puede estar separada de las otras, y que todas juntas y cada una en su propia manera, bajo la acción del Espíritu Santo, contribuyen efectivamente a la salvación de las almas.[28]

Es como si emergiera una triple base fundamental para la autoridad en el catolicismo romano: Escritura, tradición y "la autoridad de enseñanza de la Iglesia".

3. El dogma permanece "irreformable"

La infalibilidad papal y su aplicación a los asuntos de fe y moral conduce lógicamente a la reafirmación de la irreformabilidad del dogma. Como se ha indicado, el dogma es la enseñanza doctrinal de la Iglesia Católica que debe ser creída por los fieles. El Concilio Vaticano I había declarado que las definiciones dogmáticas son "irreformables"; es decir, no están sujetas a repaso. Nada cambió en relación con esto en el Concilio Vaticano II. Si los obispos en el Vaticano II creyeron que hacía falta alguna clarificación, entonces se encuentra en la *Constitución dogmática de la Iglesia*. La indicación allí es que "las definiciones [dogmáticas del Papa] por sí mismas, no son por el consentimiento de la Iglesia; son simplemente consideradas irreformables, porque son pronunciadas con la asistencia del Espíritu Santo, una ayuda prometida a él [el Papa] en el bendito Pedro".[29]

4. En relación con la virgen María

La promulgación por el papa Pío XII, en 1950, del dogma de la Asunción corporal de la bendita virgen María, ha comprobado ser

[27] *Ibíd.*, pp. 117, 18.
[28] *Ibíd.*, p. 118.
[29] *Ibíd.*, p. 49.

ofensiva para los no católicos y también para algunos pocos católicos, los cuales, a lo largo del tiempo, estaban buscando llenar el vacío de la separación por medio del diálogo ecuménico. En una manera similar, la decisión del Concilio Vaticano II de agregar un largo capítulo final sobre María a la *Constitución dogmática de la Iglesia*, fue considerada por muchos como un retroceso a la actividad ecuménica potencial. El título del capítulo era: "El papel de la bendita virgen María, Madre de Dios, en el misterio de Cristo y de la Iglesia." El título mismo, junto con los temas principales del capítulo —tales como "El lugar de la bendita Virgen en la economía de la salvación", "Devoción a la bendita Virgen en la Iglesia", "María, una señal de esperanza cierta y de solaz para el pueblo de Dios en peregrinaje", etc.— indican ciertamente al mundo no católico que poco se había cambiado en este aspecto, y que la enseñanza católica en relación con María era no negociable desde el punto de vista católico.

El capítulo sobre María ha sido llamado "elogio extravagante". Reafirma pronunciamientos anteriores del dogma católico en relación con la Virgen. Por ejemplo, se afirma que "preservada libre de toda culpa del pecado original, la inmaculada Virgen fue elevada en cuerpo y alma a la gloria celestial luego de terminar su peregrinaje terrenal... [y] exaltada por el Señor como Reina sobre todo".[30] El capítulo dedicado a ella está cerca de llamar a María "corredentora" en un plano de igualdad con Cristo. El documento también advierte que las afirmaciones en cuanto a María no deben ser excesivas ni ser embellecidas. Al mismo tiempo, se apoya el culto a la virgen María. El concilio "amonesta a todos los hijos de la Iglesia que el culto —especialmente el litúrgico— de la bendita virgen María debe ser generosamente alentado".[31] Además, afirma:

> Este sínodo muy santo... recomienda que las prácticas y ejercicios de devoción hacia ella [María] sean atesorados como es recomendado por la autoridad de enseñanza de la Iglesia a lo largo de los siglos, y que esos decretos promulgados en épocas tempranas en relación con la veneración de las imágenes de Cristo, de la bendita Virgen y de los santos, sean observados religiosamente.

Es ciertamente irónico que muchos comentaristas —en su interpretación de las deliberaciones del concilio relacionadas con el capítulo sobre María— señalen que la mayoría del Vaticano II creía que su declaración representaba lo mínimo que se podía decir en cuanto a la virgen María. La minoría quería todo un documento separado dedicado a María; existe la especulación que algunos querían un pronun-

---

[30] *Ibíd.*, p. 90.
[31] *Ibíd.*, p. 94.

ciamiento dogmático afirmando a María como "corredentora" con Cristo. De modo que para los mariologistas firmes en la ICR, el "capítulo" representaba una expresión "aguada". Una interesante nota al pie de la página en un punto del capítulo sobre María indica: "Aquí, como en otras partes, el concilio en su elección del lenguaje y del énfasis trata de evitar algo que pueda ofender innecesariamente las sensibilidades de los hermanos separados."[32] Sin embargo, lo que se decía y la manera en que se lo decía fue problemática para los no católicos.

5. Permanecieron el purgatorio y las oraciones por los muertos

Otra barrera importante que separaba a los católicos y los protestantes desde la Reforma había sido la enseñanza católica en cuanto al purgatorio y las oraciones por los muertos. Los protestantes apelaban a la *sola scriptura* ("la Escritura sola"), rechazando por tanto esas creencias y prácticas por no tener base bíblica.

El purgatorio se interpreta como un estado después de la muerte, pero previo al cielo y la incorporación final y completa en Dios. Es en el purgatorio que la persona continúa y completa la satisfacción por los pecados cometidos durante la vida. En el sentido teológico, es "purgar" el egoísmo y la vida centrada en el yo (pecado), de modo que la persona pueda verdaderamente ser una con Dios. Debe recordarse que Martín Lutero y otros reaccionaron fuertemente contra la venta de "indulgencias" por parte de la ICR, las que supuestamente podían aliviar el sufrimiento de alguien en el purgatorio y capacitarle para continuar hacia el cielo.[33] Igualmente, dentro del catolicismo, se han practicado y animado las oraciones por los muertos en el purgatorio.

No hay base bíblica para el purgatorio. Hay un pasaje en el libro de 2 Macabeos (en los Apócrifos, una parte de la Biblia de la ICR) que constituye el texto básico para la doctrina del purgatorio y para la práctica de la oración por los muertos. En parte, 2 Macabeos 12:44, 46 dice: "Pues de no esperar que los soldados caídos resucitarían, habría sido superfluo y necio rogar por los muertos... por eso mandó hacer este sacrificio expiatorio en favor de los muertos, para que quedaran liberados del pecado" (Biblia de Jerusalén).

Las decisiones del Concilio Vaticano II no representan cambios en estas áreas. El purgatorio, en la enseñanza católica, todavía es una realidad, como se alude a ella cuando el concilio afirma que "este muy

---

[32] *Ibíd.*
[33] Ver cap. 4 y el tratamiento de la doctrina del pecado.

sagrado sínodo acepta... la fe venerable de nuestros antepasados en relación con este compañerismo vital con nuestros hermanos... que están aun siendo purificados después de la muerte (purgatorio)".[34] Asimismo, se afirma que "es un pensamiento santo y saludable orar por los muertos para que puedan ser liberados de sus pecados".[35] Así, esta y otras enseñanzas católicas, algunas de las cuales se han indicado arriba, las que probaron ser decisivas en la separación de los cristianos católicos y los no católicos antes del Vaticano II, estaban todavía en su lugar y muchas de ellas habían sido reformuladas o reafirmadas cuando el concilio terminó sus tareas el 8 de diciembre de 1965.

CONCLUSION

Sería difícil atenuar la importancia y el significado del Concilio Vaticano II. Fue un concilio de esperanza, de parte de aquellos dentro de la ICR y también de los de afuera. Algunas de esas esperanzas se cumplieron, otras no. Cuando el concilio terminó, quedó a la Iglesia Católica el descubrir y llevar a cabo las implicaciones del Vaticano II. El intento de *aggiornamento* —actualización— continúa a la luz del concilio. La Iglesia continúa encontrando que entrar a la era posmoderna e intentar ser una institución contemporánea es una situación cargada de dificultades. En el próximo capítulo se considerará el estado del catolicismo después del Vaticano II.

---

[34] Abbott, *Documents of Vatican II*, pp. 83, 84.
[35] *Ibíd.*, p. 81.

12

LA IGLESIA CATOLICA DESPUES DEL VATICANO II

INTRODUCCION

Las últimas décadas del siglo XX han resultado tumultuosas para muchas denominaciones cristianas. Bastantes de ellas se han visto envueltas en controversias. Esto verdaderamente ha sido cierto de la más grande de las expresiones institucionalizadas del cristianismo, la ICR.

Muchos analistas, en el cálido resplandor crepuscular del Concilio Vaticano II, habían proyectado una nueva "edad dorada" para el catolicismo. Pero en vísperas del siglo XXI, es obvio que probablemente no va a resultar en esa manera. Es sabido que el concilio brindó a la ICR un ímpetu y una vitalidad renovados y muy necesarios en ese momento, y continúa aún beneficiando a la Iglesia Católica en todo el mundo. Al mismo tiempo, el catolicismo desde el Vaticano II ha estado lleno de problemas que han probado severamente la preciada unidad y uniformidad de la Iglesia Romana. Este último capítulo en el presente estudio del catolicismo desde la Reforma considerará aquellos asuntos que han dominado la era después del Vaticano II.

EL PAPA PABLO VI (1963-78)

Después de finalizar el Concilio Vaticano II en 1965, el papa Pablo VI serviría a la ICR por otros trece años, hasta su muerte en 1978. Pablo VI sufrió por la comparación con su predecesor, Juan XXIII. Juan había parecido extrovertido y transmitiendo calidez; Pablo dejaba la impresión de ser introvertido y distanciado. Sin embargo, Pablo VI condujo al concilio iniciado por Juan XXIII a una exitosa conclusión, y en el análisis final puede haber sido más su concilio que el de Juan. Asimismo, la dirección de Pablo VI de la ICR durante el período inmediatamente después del Vaticano II probó ser muy importante.

Cuando fue elegido Papa en 1963, el cardenal Montini asumió el trono papal precedido por un trasfondo de servicio amplio a la Iglesia. Ningún otro Papa antes que él había viajado tanto: él había visitado Hungría (1938), dos veces los EE. UU. de A. (1951, 1960) y Africa (1962). En la época de ser elegido como Papa era Arzobispo de Milán. Allí había dedicado sus energías a la revitalización de las parroquias católicas que habían sido impactadas por la destrucción de la Segunda Guerra Mundial. También había sido uno de los líderes católicos que más temprano habían estado interesados en un diálogo con los no católicos, iniciando discusiones con algunos líderes protestantes en la ciudad.

Ya como Papa, y en el espíritu del Vaticano II, Pablo VI comenzó a llegar a los "hermanos separados", especialmente aquellos de la Iglesia Ortodoxa. El Gran Cisma (separación) entre el cristianismo oriental (la Iglesia Ortodoxa) y el occidental o latino (la ICR) había ocurrido en 1054 y en una atmósfera de gran amargura y hostilidad. El Patriarca de Constantinopla de aquella época, Miguel Cerularius, y el papa León IX, habían pronunciado anatemas el uno contra el otro. Ahora, en el siglo XX y luego de dos reuniones frente a frente, el papa Pablo VI y el Patriarca Athenagoras I de la Iglesia Ortodoxa hicieron una declaración conjunta deplorando los anatemas de 1054 y la separación que había resultado. Esto, por supuesto, no significaba una reunión de las dos iglesias, pero marcaba un avance significativo en las relaciones. Pablo VI realizó otras reuniones con Athenagoras I durante su período, y también con Michael Ramsey, Arzobispo de Canterbury, el oficial más alto de la Iglesia Anglicana. En 1972, el entonces Arzobispo de Canterbury, Donald Coggan, y el papa Pablo VI se comprometieron mutuamente a trabajar hacia la unión de sus iglesias. En años más recientes, el espíritu de ecumenismo que era tan prominente después del Vaticano II ha sufrido declinación. Muchos no católicos han percibido que la ICR ha intentado dar un paso atrás de algunos de los impulsos iniciales hacia la apertura que se habían generado en el concilio.

Pablo VI anunció al final del Concilio Vaticano II que tenía la intención de abolir el "Santo Oficio" (el asiento antiguo de la Inquisición). Técnicamente eso eliminaría la Inquisición, que estaba fuera de moda. El Santo Oficio fue reemplazado con la Sagrada Congregación para la Doctrina de la Fe (CDF). Como se verá, la CDF asumiría un poder tremendo durante el resto del siglo XX y sería bastante controversial. También se anunció que no se publicaría más ninguna lista del Indice de Libros Prohibidos.

Como la mayoría de los Papas antes que él, Pablo VI buscó que la ICR funcionara con mayor eficiencia administrativa. El reorganizó la

Curia Romana; se estableció el retiro obligatorio para los sacerdotes y los obispos a la edad de 75 años; no se permitió que los cardenales de más de 80 años estuvieran envueltos en las decisiones de la Curia. Algunos dirían que la contribución más importante de Pablo VI al catolicismo fue la ampliación y la internacionalización del Colegio de Cardenales. Durante su pontificado, el Colegio creció de 80 a un total de 138. Por entonces, los cardenales de Italia constituían sólo una minoría.

El papa Pablo VI promulgó una serie de encíclicas. Una de ellas, *Mysterium Fedei,* interpretó las reformas litúrgicas a la luz de las declaraciones del Vaticano II; también reafirmó la doctrina de la transubstanciación en relación con la Eucaristía. *Populorum Progressio* fue una encíclica que constituyó la contribución de Pablo VI al tema del catolicismo social. *Matrimonia Mixta* fue la encíclica que aliviaba las objeciones a los matrimonios entre cristianos católicos y no católicos. Pero hay aún un énfasis fuerte en cuanto a la responsabilidad del cónyuge católico para hacer todo lo posible por asegurar que los hijos sean criados en la Iglesia Católica. La encíclica permite y estimula un cuidado pastoral conjunto, ceremonias de bodass en iglesias no católicas y la participación de ministros no católicos en las ceremonias.

Hay dos encíclicas de Pablo VI que, en especial, provocaron reacción y alimentaron la controversia tanto dentro como fuera de la ICR. Ellas fueron: (1) *Sacerdotalis Coelibatus,* que reafirmó la insistencia de la Iglesia Católica sobre el celibato para los sacerdotes, descartando la posibilidad de sacerdotes casados; y (2) *Humanae Vitae,* que consideró especialmente el tema del control de la natalidad y que, de paso, condenó los métodos artificiales para evitar la concepción. Estas dos encíclicas serán consideradas más tarde en el capítulo, en relación con controversias específicas.

En lo personal el período de Pablo VI como Papa fue algo infeliz para él mismo. El "espíritu" del Vaticano II aparentemente había generado una actitud más abiertamente desafiante en algunos círculos de la ICR. Algunas de las decisiones de Pablo VI, especialmente la encíclica *Humanae Vitae,* parecía contraria a lo que los "progresistas" en la Iglesia entendían como las nueva normas para la acción después del concilio. Había comenzado una crítica *muy abierta* hacia el papado mismo; alguna venía de "hermanos" obispos. El Concilio Vaticano II había establecido algunos agrupamientos informales pero definidos dentro del catolicismo: por ejemplo, "progresistas" y "tradicionalistas". Si alguna vez la ICR había sido verdaderamente monolítica, ese ciertamente no era el caso ahora. El papa Pablo VI, en medio de una creciente multiplicidad de enfoques, hizo lo mejor que pudo para guiar a la Iglesia Católica desde lo que él percibía como el "centro".

PAPA JUAN PABLO II (1978-)

Albino Luciani, Arzobispo de Venecia, sucedió a Pablo VI como Papa. Eligió el nombre combinado de Juan Pablo I (por Juan XXIII y Pablo VI). Su período como Papa fue muy breve, sólo unos pocos días. Murió el 28 de septiembre de 1978, un mes después de su elección que había sido el 26 de agosto. Fue sucedido por el cardenal Karol Wojtyla, de Polonia, que eligió el nombre de Juan Pablo II. Aparentemente los cardenales no podían ponerse de acuerdo en el cónclave electoral sobre un Papa italiano, y entonces eligieron a Wojtyla. Fue elegido en la octava votación. Juan Pablo II, por lo tanto, se convirtió en el primer Papa no italiano desde Adrián VI, 450 años antes.[1]

Juan Pablo II asumió el trono papal con el trasfondo de servicio como un sacerdote parroquial, el reconocimiento como un distinguido educador y su mandato como el influyente Arzobispo de Varsovia. El era también un autor con obras publicadas en poesía y en tratados éticos. Es también bastante significativo que, como sacerdote y miembro de la jerarquía católica en Polonia, él había experimentado de primera mano la opresión infligida sobre la ICR en aquel país por un Estado dominado políticamente por el comunismo. El había conocido la realidad de la persecución religiosa en el siglo XX.

Su servicio más amplio a la ICR había incluido su activa participación en el Concilio Vaticano II. Se informa que él era el obispo que sugirió la palabra descriptiva "pastoral" para el documento del Vaticano II titulado *Constitución pastoral de la Iglesia en el mundo moderno*. También, como podría esperarse de alguien con su experiencia en Polonia, como participante del Vaticano II él había sido un fuerte defensor del documento que trataba con la libertad religiosa. Mientras era un cardenal, Wojtyla había establecido muchos contactos mundiales en varios viajes antes de su elección como Papa. Por ejemplo, él había visitado y asistido a reuniones en América del Norte, Medio Oriente, Africa, Australia y partes de Asia. Los viajes a lo largo del mundo constituyen un aspecto importante de su papado; tanto, que Juan Pablo II es conocido como el "Papa viajero".

El pontificado de Juan Pablo II ha sido bastante inusual. Por un lado, él ha probado ser un Papa muy popular. Siendo un atleta y una persona de energía abundante, con una sonrisa rápida y un buen sentido del humor, en sus viajes ha transmitido calidez a las masas de personas que han ido a verle. Esa calidez ha venido también por su

---

[1] Ver cap. 3.

intención de poner énfasis en su propio papel "pastoral" dentro de la ICR. Ha sido un vocero elocuente en defensa de los derechos humanos y de la dignidad humana. Ciertamente, eso refleja en parte sus propias luchas tempranas dentro del contexto de un Estado dominado por el comunismo y las políticas antirreligiosas del mismo. Por el otro lado, Juan Pablo II ha sido difamado por algunos dentro de la Iglesia, quienes le acusan de intentar llevar al catolicismo hacia atrás, sacándolo de las tendencias reformistas del Concilio Vaticano II hacia una posición más "tradicional", de acuerdo con los concilios de Trento y Vaticano I. De modo que, mientras él es casi universalmente reconocido por su posición muy liberal en cuanto a los derechos humanos, al mismo tiempo se le reconoce como un rígido conservador en su teología.

Los progresistas en la ICR tenían todas las razones para ser optimistas en la época de la elección de Juan Pablo II como Papa. En su primer discurso, él declaró que la Iglesia necesitaba ir adelante llevando a cabo fielmente las decisiones del Concilio Vaticano II. Sin embargo, casi inmediatamente el nuevo Papa tuvo que tomar decisiones duras en varias áreas difíciles. Como resultado, los progresistas no estuvieron felices con muchas de esas decisiones. En general, sin embargo, los tradicionalistas dentro del catolicismo encontraron estímulo en las decisiones del nuevo Papa. Las razones para esto se reflejarán en el resto de este capítulo.

CONTROVERSIAS DOCTRINALES

En los años inmediatamente después del Concilio Vaticano II, muchos analistas sugirieron que en el área de la doctrina se podía ver el triunfo de la teología progresista dentro de la ICR. En esa época se admitía que no todos dentro de la Iglesia estaban de acuerdo en cuanto a las nuevas declaraciones teológicas, pero la percepción clara era que se había hecho demasiado "progreso" como para jamás volver a la rigidez doctrinal de Trento o del Vaticano I. Los pasos subsiguientes sugieren que el uso de términos descriptivos como "triunfo" o "victoria" con referencia a la teología progresista pueden haber sido algo prematuros; lo que sigue en este capítulo parece ser ilustrativo de esto. En muchas maneras, mucho de lo que sucedió desde el Concilio Vaticano II puede ser usado para sostener que un tradicionalismo resurgente ha ganado el poder en el catolicismo contemporáneo.

1. El caso de Edward Schillebeeckx

Edward Schillebeeckx es uno de los teólogos "progresistas" en la ICR que ha tenido un impacto más grande sobre la misma. Y, más de quince años después del final del Vaticano II, desde el punto de vista de la ICR, el padre Schillebeeckx ha probado ser uno de los más problemáticos dentro del grupo progresista.

Schillebeeckx nació en Bélgica en 1919; luego de entrar al servicio de la ICR se convirtió en miembro de la orden dominica. Generalmente se le considera el teólogo más importante e influyente en Holanda, donde fue profesor de teología en la Universidad de Nijmegen por veinticuatro años. Schillebeeckx ha escrito varias obras importantes. Su escrito más controversial —y el único que llamó la atención de Roma— fue *Jesús: Un experimento en cristología*. Era el primer tomo de un estudio de la cristología propuesto en tres partes.

En diciembre de 1979 —sólo catorce meses después que Juan Pablo II se convirtiera en Papa— la Sagrada Congregación para la Doctrina de la Fe (CDF) "invitó" a Edward Schillebeeckx a Roma para una "conversación" en cuanto a algunas preocupaciones que habían surgido acerca del libro *Jesús*. Ciertamente, la percepción ampliamente sostenida era que el papa Juan Pablo II compartía esas preocupaciones, y que sin su aprobación la así llamada "invitación" nunca se hubiera producido.

La CDF y la palabra oficial del Vaticano intentaron bajar el tono de la reunión para evitar que apareciera como que el profesor Schillebeeckx estaba siendo sometido a "juicio". Sin embargo, sólo unas pocas semanas antes de la reunión de Schillebeeckx con la CDF, uno de aquellos que funcionaría como un interrogador oficial de Schillebeeckx por parte de la Congregación a puertas cerradas —el teólogo jesuita Jean Galot— había causado un revuelo en Roma. En una entrevista para la Radio Vaticano Galot había estado muy cerca de llamar hereje a Schillebeeckx; por supuesto, esto no podía ser considerado imparcialidad. Aunque Schillebeeckx pidió que Galot no tomara parte en las audiencias de la CDF, se permitió que Galot participara y probó ser el principal adversario de Schillebeeckx.

El tema era la cristología. La posición de Schillebeeckx se había descrito como el "tipo" de cristología que se acerca al estudio de la naturaleza de Cristo "desde abajo"; es decir, el punto de partida está enfocado y pone énfasis en la *humanidad* de Cristo. El enfoque cristológico "desde arriba" comienza con su deidad y pone allí su mayor énfasis. La cristología católica romana ha sido predominantemente del tipo "desde arriba", afirmando a menudo que el otro enfoque tiende a denigrar el aspecto divino de la naturaleza de Cristo. El énfasis de Schillebeeckx, trataba de la comprensión temprana de Jesús por la iglesia primitiva; de esa forma *Jesús: Un experimento en cristología* es fuerte en el área de la exégesis bíblica.

Como podría esperarse, las preocupaciones de la CDF se centraron en lo que se consideraba una denigración de la deidad de Cristo. La principal acusación en contra de la obra de Schillebeeckx parecía ser que él no había usado la terminología del Concilio de Calcedonia (451); al no hacerlo, él había puesto en duda la deidad de Jesús. El antiguo Credo de Calcedonia es considerado la definición ortodoxa en la interpretación cristológica, pero su terminología es sumamente técnica. Schillebeeckx no desaprobaba el Credo, pero indicaba que el propósito del primer tomo en su estudio más amplio era mostrar cómo Jesús era considerado y entendido por sus contemporáneos.

Los progresistas consideraron las audiencias en Roma como una "caza de brujas"; de esa forma la CDF había fracasado en su intención de guardar las apariencias de un juicio por herejía. Dentro del catolicismo se levantó un clamor popular de cierta escala mundial. Holanda, la base de Schillebeeckx y donde él tenía mayor influencia, reaccionó con ira. Muchos objetaron especialmente el secreto asociado con las reuniones en Roma y lo que se percibía como procedimientos injustos en contra de Schillebeeckx. Aun grupos no católicos enviaron peticiones indicando los problemas potenciales que el tratamiento del profesor Schillebeeckx podía traer a las relaciones ecuménicas frágiles que se habían desarrollado después del Vaticano II. Además, el caso de la CDF en contra del teólogo suizo Hans Küng fue en parte paralelo con el de Schillebeeckx y sólo intensificó las emociones. Por supuesto, los tradicionalistas dentro de la ICR consideraban la situación en forma diferente. Muchos de ellos estaban muy animados por lo que estaba sucediendo en Roma; ellos habían estado esperando señales de que Juan Pablo II detendría lo que percibían como un apartamiento peligroso del catolicismo tradicional desde el Vaticano II.

En términos oficiales, el resultado final de la decisión de la Congregación para la Doctrina de la Fe en cuanto al caso de Schillebeeckx fue bastante anticlimático. Básicamente, Schillebeeckx fue condenado a clarificar ciertos aspectos de sus enfoques que habían sido desafiados por la CDF. Se le instruyó para que hiciera públicas esas clarificaciones. Además, se le pidió "revisar —a la luz de las enseñanzas católicas— los puntos en los cuales aún hay alguna ambigüedad, y probar públicamente su disposición a actuar de acuerdo con el pedido [de la CDF]".[2]

---

2 Citado por Ted Schoof, ed., *The Schillebeeckx Case* (Nueva York: Paulist Press, 1984), p. 143.

Edward Schillebeeckx, que tenía 65 años en la época de las audiencias de la CDF en diciembre de 1969, se retiró de su profesorado en la Universidad de Nijmegen en 1982; continuó hablando y escribiendo. Los tomos adicionales sobre la cristología y otros escritos de Schillebeeckx sobre el ministerio cristiano han sido también controversiales dentro de la ICR.

2. El caso de Hans Küng

Hans Küng se convirtió en el teólogo católico más popular después del Concilio Vaticano II, ¡entre los no católicos! El había participado en la primera sesión del Vaticano II como uno de los *periti;* es decir, como un consejero teológico. Cuando comenzó la segunda sesión del concilio, Küng creía que con la muerte del papa Juan XXIII la Iglesia Católica estaba viendo el comienzo de un cambio teológico más conservador. Por ello no quiso participar más en las deliberaciones oficiales de la Comisión Teológica del concilio. También, durante esa segunda sesión en 1963, él fue llamado a comparecer ante el Santo Oficio (con su tradición de la Inquisición) y amonestado a que adhiriera sus conceptos más estrechamente a las enseñanzas tradicionales de la Iglesia. Este probó ser sólo un paso inicial en un proceso que eventualmente conduciría a que la Congregación para la Doctrina de la Fe le quitara su credencial como un teólogo "católico" en 1979.

El caso de Edward Schillebeeckx creó una reacción importante tanto dentro como fuera de los círculos católicos. El caso de Hans Küng alcanzó un nivel de notoriedad aún más importante. Küng había llegado a ser muy conocido por medio de sus viajes por el mundo, sus conferencias por todos lados y sobre todo por medio de sus escritos, los cuales le habían ganado una aceptación y popularidad muy amplias en todas partes del mundo. Sus publicaciones hicieron que algunos protestantes lo consideraran como un "nuevo Lutero". Ciertamente, Küng se presentó mucho más directamente como un adversario al catolicismo institucional que lo que había sido Schillebeeckx.

Hacia la época del Concilio Vaticano II, Küng ya se había distinguido como un joven erudito muy brillante. Había nacido en Suiza (1928) y fue ordenado como sacerdote en 1954. Küng estudio filosofía y teología en la Universidad Gregoriana en Roma, y recibió su doctorado del Instituto Católico en París en 1957. Su disertación doctoral trató de la doctrina de la justificación en el pensamiento del teólogo protestante suizo Karl Barth. Barth se sintió tan impresionado que escribió el prefacio para la forma posterior en que fue publicada la disertación. En ese punto, el Santo Oficio en Roma comenzó un archivo sobre Küng. Después de un período de investigación en la Universidad de Münster, fue nombrado para la prestigiosa cátedra de teología en la facultad católica de la Univer-sidad de Tubingen, en Alemania. Este era su puesto cuando comenzó el Vaticano II.

Varios años después que el Concilio Vaticano II terminara sus sesiones, Küng publicó un libro que hizo surgir un debate importante dentro del catolicismo. El título de la obra era: *Infalibilidad: Un debate*. El libro constituía un ataque a la encíclica del papa Pablo VI, *Humanae Vitae*, en la cual se había asumido una línea dura en contra del control de la natalidad por medios artificiales. En ese libro —publicado en 1970, fecha designada para conmemorar el centésimo aniversario de la afirmación por el Vaticano I de la infalibilidad papal— Küng sugería que debía haber un debate serio en cuanto a las evidencias bíblicas e históricas que la Iglesia reclamaba para sostener el dogma. Durante la década siguiente muchos católicos, aun algunos de los "progresistas", mostraron su preocupación en cuanto a Küng. Karl Rahner acusó a Küng de ser un "protestante liberal", y se convirtió en un apologista para la posición de infalibilidad de la Iglesia Católica. La Congregación para la Doctrina de la Fe, en 1973, había emitido el documento *Mysterium Ecclesiae* —con el apoyo de Pablo VI— afirmando la infalibilidad y otras enseñanzas tradicionales de la ICR. El documento había citado específicamente su preocupación por algunas de las enseñanzas de Küng. Cuando se publicó *Infalibilidad: Un debate*, era obvio que muchos de los obispos alemanes querían que Küng fuera censurado y quitado de su posición de profesor en Tubingen. El Vaticano se vio obligado a tomar alguna decisión.

En la misma época en que Edward Schillebeeckx estaba terminando su "conversación" con la Congregación para la Doctrina de la Fe, la CDF promulgó una declaración fechada el 15 de diciembre de 1979, condenando las enseñanzas de Hans Küng. De esa forma, sólo catorce meses después del comienzo del pontificado de Juan Pablo II, la CDF declaró al mundo que "esta Sagrada Congregación, en el cumplimiento de su deber, está obligada a declarar que el profesor Hans Küng se ha apartado de la verdad integral de la fe católica en sus escritos, y por ello no puede más ser considerado como un teólogo católico ni funcionar como tal en una posición de enseñanza".[3] El documento señaló, además, que "el sumo pontífice Juan Pablo II aprobó esta declaración... y ordenó su publicación".[4]

La misión canónica de Hans Küng había sido retirada; es decir, su

---

3 Peter Hebblethwaite, *The New Inquisition? The Case of Edward Schillebeeckx and Hans Küng* (Nueva York: Harper and Row, Publishers, 1980), p. 157.
4 *Ibíd.*

autorización oficial por parte de la Iglesia para enseñar como un teólogo católico; se suspendían sus responsabilidades como profesor en nombre de la ICR. Sin embargo, Küng permaneció como profesor de teología con un contrato secular con la Universidad de Tubingen. Aunque no era más profesor con una credencial de enseñanza "católica", es interesante que el documento de la CDF que denunció sus enseñanzas aclaró que "él [Küng] no está excluido de la Iglesia y continúa siendo un sacerdote".[5] Hans Küng ha continuado teniendo una voz muy influyente entre los teólogos contemporáneos.

3. Teología de la liberación

Casi inmediatamente después de convertirse en Papa, Juan Pablo II enfrentó el problema de una lucha de poder entre los obispos en América Latina, quienes estaban divididos por el tema del catolicismo tradicional *versus* no una teología simplemente progresista sino la que algunos describían como una teología "radical". Esta clase radical de teología había captado la imaginación de los teólogos más allá de América Latina, especialmente en otros países del Tercer Mundo en Asia y en Africa. Era conocida como "teología de la liberación".

Un diccionario "católico" de teología describe a la teología de la liberación como "un movimiento tanto social como teológico que surgió principalmente en América Latina durante los finales de la década de 1960", y que representa "un compromiso con el movimiento social de los pobres y en favor de los oprimidos".[6] El papa Pablo VI había participado en la apertura de la Conferencia de Obispos de América Latina (CELAM), en Medellín, Colombia, en 1968. Esa reunión, que había enfocado la responsabilidad de la Iglesia Católica hacia los pobres de América Latina, brindó el impulso para lo que llegó a ser más o menos formalizado en la teología de la liberación. Aquellos que fueron prominentes en la exposición de la teología de la liberación dirían que estaban simplemente siguiendo las implicaciones lógicas de lo que había surgido del Concilio Vaticano II, con su énfasis en la Iglesia como el "pueblo de Dios" y su llamado a los laicos a cumplir su misión apostólica.

En el período entre 1968 y el nombramiento del papa Juan Pablo II en 1978, se habían publicado varios libros y artículos sobre la teología de la liberación; el más importante era *Una teología de la liberación*, por Gustavo Gutiérrez, de Perú, en 1971. La teología de la liberación, desde una perspectiva bíblica, enfocaba temas como la "opresión" y la

---

[5] *Ibíd.*, p. 162.
[6] *The New Dictionary of Theology*, "Liberation Theology", pp. 570-71.

"liberación", con el evento del "éxodo" como un componente clave para la comprensión del significado de la liberación. Se ponía el énfasis en el ministerio de Jesús a los pobres y a los oprimidos por las estructuras de la sociedad. Los teólogos de la liberación enseñan que la tarea de la teología no es fortalecer las verdades del dogma sino que es ayudar a traer liberación a los oprimidos. Esa liberación —como la interpretan los teólogos del movimiento— no es simplemente liberación del pecado y aceptar la nueva vida en Cristo, sino que tiene que ver también con la libertad de los sistemas opresivos sociales, económicos y políticos. La mayoría de los teólogos de la liberación en América Latina utilizan un análisis marxista en la formulación y explicación de sus conceptos.

La teología de la liberación no sólo produjo una tormenta en el mundo teológico de la década posterior a la conferencia en Medellín, sino que segmentos importantes de la ICR en América Latina se involucraron en la predicación en contra del statu quo político, económico y social; éstos, a la luz de la teología de la liberación, eran opresivos y mantenían cautivos a los pobres. Se generó una acción política, de modo que algunos sacerdotes estuvieron envueltos en ataques verbales de lo que percibían como elementos opresores en los diferentes sistemas sociales. Esto a veces significaba atacar a los gobiernos que habían sido activamente afirmados y apoyados por la Iglesia Católica. Algunos sacerdotes comenzaron a promover lo que se desarrolló como el movimiento de la "iglesia popular", caracterizado por reuniones de grupos pequeños. Se comenzó a conocer a esos grupos como "comunidades de base". Ellos no sólo se reunían para participar en el nivel "espiritual", sino que las comunidades de base se organizaron para funcionar políticamente y tomar el sistema político. Por supuesto, todo esto fue muy desconcertante para los tradicionalistas (y también para algunos progresistas) en la Iglesia Católica. Algunos llegaron a temer que la enseñanza de la teología de la liberación conducía lógicamente a la violencia como un medio para vencer a la opresión. La mayoría de los teólogos de la liberación católicos desaprobaron la idea de la dimensión violenta en su sistema.

Una de las primeras cosas que hizo Juan Pablo II después de convertirse en Papa, en octubre de 1978, fue hacer planes para asistir a la reunión de la Conferencia de Obispos de América Latina que se realizaría en Puebla, México, en enero de 1979. Los tradicionalistas parecen interpretar lo que sucedió en Puebla por lo menos como una censura de algunas de las que describirían como las expresiones más "extremas" de la teología de la liberación. Por el otro lado, los liberacionistas no lo vieron en la misma manera; ellos interpretaron que su propia posición era un intento serio de aplicar las implicaciones del

Vaticano II. Sin embargo, está registrado que, en la reunión de la CELAM en Puebla, Juan Pablo II dijo que la Iglesia Católica en América Latina no necesita rehacer lo que se había hecho en Medellín, sino continuar adelante. Al hacer la obra del ministerio, él dijo específicamente que los sacerdotes no debían funcionar como "directores sociales" o "líderes políticos". Aquello era suficientemente sugestivo para que muchos presintieran que el futuro no sería bueno para los teólogos de la liberación ni los progresistas en América Latina.

Aquel sentimiento de aprehensión aparentemente estaba bien fundado. La ICR percibía que ya que había suficientes problemas relacionados con la teología de la liberación, debía tomarse alguna acción formal. De ese modo, en agosto de 1984 la Congregación para la Doctrina de la Fe en Roma promulgó un documento titulado: "Instrucción sobre ciertos aspectos de la teología de la liberación." Estaba firmado por el cabeza de la Congregación, quien tenía cada vez más poder: el erudito católico alemán Joseph Ratzinger, y tenía la aprobación de Juan Pablo II. Se dice que Ratzinger había sido elegido personalmente por Juan Pablo II para ese puesto, y es obvio que los conceptos de Ratzinger habían tenido gran influencia en el Papa. La "Instrucción..." realmente era *contra* algunos aspectos de la teología de la liberación. Entre los énfasis que básicamente condenaban a la Teología de la liberación estaban los siguientes: (1) Un ataque al uso de análisis marxistas, con la indicación que si alguien acepta alguna parte de esos análisis entonces inevitablemente se convierte en víctima de la cosmovisión marxista integral; (2) la observación que la teología de la liberación había resultado en una "lucha de clases" entre la jerarquía y el pueblo; y (3) la indicación que la creación de las "comunidades de base" tendía a dar credibilidad al concepto de una iglesia del pueblo separada de la jerarquía.

El altamente crítico documento de la CDF acerca de la teología de la liberación, junto con el silenciamiento del teólogo de la liberación Leonardo Boff, de Brasil, levantó una nueva ola de protestas en contra de Ratzinger, el Papa y la generalmente mano dura de Roma. Por supuesto, las protestas se extendieron más allá de los límites católicos, dado que en el Tercer Mundo, en Europa y en Norteamérica, la teología de la liberación había ganado legitimidad también dentro de la comunidad teológica no católica. Algunos dirían que las protestas fueron efectivas porque, en abril de 1986, la CDF promulgó un documento que dejó pocas dudas que la ICR se había visto forzada a modificar su posición oficial en cuanto a la teología de la liberación.

La "Instrucción sobre la libertad cristiana y la liberación", de 1986, también firmada por Ratzinger y con el apoyo del Papa, tiene un tono general bastante positivo. Contiene algunas concesiones, como por ejemplo: (1) Se aprueban las comunidades de base cuando ellas demuestran que viven en unidad con la Iglesia Católica y la "Iglesia universal"; (2) al poner énfasis en la "conversión del corazón", la "Instrucción" va a decir que ese énfasis no significa que la Iglesia no puede trabajar para cambiar las estructuras sociales injustas; ciertamente, se nota que es necesario trabajar para ambas cosas simultáneamente; (3) aunque quizá se queda corta en un completo apoyo de la teología de la liberación, reconoce la validez de ciertos temas vocalizados por el movimiento; y (4) hay un movimiento definido de alejamiento de una condenación de la teología de la liberación.

4. El silenciamiento de Leonardo Boff

Leonardo Boff es uno de los escritores más prolíficos del movimiento de la teología de la liberación, quien llegó a ser importante por el tiempo en que Juan Pablo II se convirtió en Papa. Ciertamente, Boff era uno de los más controversiales en ese grupo. Es un brasileño, nació en 1938. Después de terminar sus estudios universitarios y de seminario en Brasil, estudió en Europa y recibió un doctorado en teología de la Universidad de Munich (Alemania) en 1970. Fue ordenado como sacerdote franciscano; desde 1970 ha sido profesor de teología sistemática en el seminario en Petrópolis, Brasil. El ministerio sacerdotal de Boff ha estado centrado en un área sumamente pobre en Petrópolis, donde ha organizado y promovido el involucramiento de los pobres en las comunidades de base. Su experiencia en aquel ambiente le ha ayudado a formar su pensamiento en el área de la eclesiología. Es este asunto el que resultó problemático para el Papa y para el cabeza de la Congregación para la Doctrina de la Fe, Joseph Ratzinger.

El libro particular de Boff que produjo esa reacción en Roma era *Iglesia, carisma y poder: La teología de la liberación y la iglesia institucionalizada,* publicado en Brasil en 1981. Boff, partiendo del Vaticano II y el tema de la iglesia como el "pueblo de Dios", iguala a la iglesia verdadera con los pobres y los desposeídos; es la iglesia de las comunidades de base. La iglesia como una jerarquía es un concepto fracasado. El concepto de la iglesia con el Papa en la cima y los pobres en la base refleja un modelo de iglesia que en sí misma es culpable de abusar de los pobres y de los oprimidos. El afirma que sin justicia no hay evangelio. Esos conceptos publicados resultaron en que Leonardo Boff recibiera una "invitación" a Roma para participar en una "conversación" con la CDF en 1984.

La CDF del cardenal Ratzinger citó varios aspectos del pensamiento de Boff como si representaran un alejamiento demasiado grande de la enseñanza católica. Entre estos estaban: (1) La indicación de que Boff había sugerido que Jesús no dejó una estructura y forma predeterminadas y específicas de la Iglesia; por lo tanto, otros modelos diferentes al jerárquico son aceptables. (2) Boff no tomó el "dogma" en una forma suficientemente seria. (3) La retórica de Boff no era respetuosa: por ejemplo, cuando él acusa a la Iglesia de abuso del poder y cuando se refiere al Vaticano como siendo "feudal" y "elitista".

El juicio que se pronunció contra Boff fue "silenciarlo" por un año. La limitación específica contra él era que no podía publicar nada ni dar conferencias públicas durante ese período. Era libre de enseñar sus clases en el seminario y de predicar. Como se señaló antes, el silenciamiento de Boff junto con la "Instrucción sobre ciertos aspectos de la teología de la liberación" en el mismo año crearon una tormenta de protesta. Esto resultó en la otra "Instrucción" promulgada en 1986, que estaba más de acuerdo con la teología de la liberación. Resultó también en un levantamiento temprano de la orden de silencio en contra de Leonardo Boff.

OTROS TEMAS DE CONTROVERSIA

Es claro que la teología de la ICR ha impactado la institución en un nivel muy práctico. La controversia ha hallado expresión en una variedad de áreas diferentes en la vida de la Iglesia. Repetimos, la naturaleza del problema que enfrenta el catolicismo en sus tratos con los asuntos sociales contemporáneos tiene una relación directa con el intento de la Iglesia de mantener una posición "tradicional" en estos asuntos. El resultado, además de la controversia, ha sido frustración para las filas "progresistas". Un repaso de algunos de esos temas reflejará claramente esto.

1. Control de la natalidad

La ICR ha sostenido una posición rígida sobre el tema del control de la natalidad. Como se indicó antes, la encíclica *Humanae Vitae,* del papa Pablo VI en 1968, reafirmó la posición de que el uso de cualquier tipo de medios o métodos artificiales para el control de la natalidad era pecaminoso y, por lo tanto, prohibido. Muchos dentro de la ICR habían esperado —a la luz del problema obvio de sobrepoblación, particularmente en los países más pobres del mundo, y la actitud más abierta del Vaticano II hacia el mundo moderno— que pudiera llegar algún tipo de relajamiento de las prohibiciones tradicionales. Ciertamente, una comisión encargada de estudiar el problema y de llevar una recomendación al Papa presentó un informe de mayoría que pedía que la anticoncepción no fuera condenada por la Iglesia. Pablo VI tomó la posición de la minoría de la comisión y promulgó la *Humanae Vitae*, en la que se repetía la prohibición tradicional de la Iglesia del uso de los anticonceptivos artificiales. El escribió: "Cada acto conyugal debe estar abierto a la transmisión de vida."

Hubo un fuerte clamor en contra de *Humanae Vitae*. Raramente la indignación pública desde ciertos sectores dentro de la ICR se habían dirigido contra una declaración papal. Como se indicó antes, Hans Küng atacó la encíclica en su libro controversial que consideraba el tema de la infalibilidad. Sin embargo, además de las protestas individuales, estaban las decisiones significativas que tomaron algunas conferencias nacionales de obispos. En acciones que reflejan menos que un apoyo calificado a la decisión del Papa, las conferencias de obispos en países como Bélgica, Alemania, Holanda, Canadá y los países escandinavos optaron por afirmar que, en último análisis, el uso de anticonceptivos artificiales era un asunto de conciencia de las parejas casadas y que en esto las decisiones debían ser individuales. Muchos sacerdotes afirmaron a sus fieles que la práctica del control de la natalidad por medios artificiales no significa que el individuo fuera un "mal católico". A nivel popular, por ejemplo en los EE. UU. de A., varios estudios demuestrasn que algunos sacerdotes desafiaron abiertamente la enseñanza de *Humanae Vitae* en el consejo matrimonial, mientras otros sacerdotes hicieron lo mismo pero no abiertamente. Las encuestas han indicado —en diferentes épocas— que en los EE. UU. de A., entre dos tercios y tres cuartos de los católicos en edad de procrear —la vasta mayoría— no practican la enseñanza de la ICR.

El asunto más controversial relacionado con la rebeldía en cuanto a este asunto y otros relacionados con la enseñanza general sobre la sexualidad humana de la ICR, es el caso del padre Charles Curran. Mientras Curran enseñaba ética en la Universidad Católica de América, en Washington, D.C., desafió abiertamente las posiciones tradicionales del catolicismo sobre el control de la natalidad y otros temas (como el aborto y la homosexualidad). En 1986 la Congregación para la Doctrina de la Fe ordenó a Curran que conformara sus enseñanzas a las posiciones tradicionales de la Iglesia. Cuando él rechazó hacerlo, le fue retirada su misión canónica como "teólogo católico" (como a Hans Küng). Otra vez, la ICR fue confrontada con otra tormenta de protestas por parte de aquellos que creían que las acciones del Vaticano eran de mano dura. Al mismo tiempo, la posición del catolicismo sobre el tema del control artificial de la natalidad permanece como antes. De hecho, en varias ocasiones Juan Pablo II ha reiterado oficialmente esa posición.

2. La disminución del número de sacerdotes

Los estudios estadísticos demuestran que, desde 1971, más de 50.000 sacerdotes han dejado su posición como clérigos dentro de la ICR. Esto ha creado una "crisis" para el catolicismo, dado que un vacío de liderazgo efectivo ha ocurrido a nivel de la parroquia local por muchos años. La principal razón que se menciona casi siempre para dejar el sacerdocio ha sido la imposición continuada del celibato del clero. Por varios siglos no hubo un acuerdo en cuanto al requerimiento del celibato para los sacerdotes. En el siglo XII se convirtió en un requisito para los sacerdotes dentro de la ICR. En el siglo XVI, los reformadores protestantes renunciaron al concepto como no siendo bíblico; muchos de ellos, incluyendo a Martín Lutero y Juan Calvino, en efecto se casaron. La ICR, sin embargo, en cada ocasión en que ha surgido la cuestión de la posibilidad de un sacerdote casado, ha reiterado su fuerte posición tradicional que requiere el celibato.

Como ya se ha notado, durante el pontificado de Pablo VI se promulgó una encíclica que reafirmaba el requisito del celibato. Juan Pablo II asumió una línea muy dura sobre el tema casi inmediatamente que llegó a ser Papa. Hasta 1983, aquellos que dejaban el sacerdocio sin una dispensa especial y que participaban en un matrimonio civil, eran automáticamente excomulgados. La suspensión con la posibilidad de penalidades posteriores reemplazó a la práctica de la excomunión "automática". Pero Juan Pablo II básicamente detuvo las dispensas para quienes deseaban ser librados del sacerdocio. Muchos fueron adelante y abandonaron el sacerdocio, desafiando las demoras burocráticas que retenían sus casos de una consideración rápida.

Esta crisis sacerdotal debe ser considerada a la luz del gran número de parroquias católicas en todo el mundo que tienen que funcionar sin un sacerdote. Tampoco el futuro aparece venturoso, pues la matrícula de los seminarios está bajando. Algunos "progresistas" dentro de la ICR continúan presionando para que se admita la posibilidad de sacerdotes casados. Quizá la puerta se ha entreabierto un poco en que los sacerdotes casados de las Iglesias Anglicana y Ortodoxa Oriental que se convierten al catolicismo pueden ser admitidos en el sacerdocio católico. A pesar de ello, el Papa no ha mostrado una inclinación a hacer cambios en cuanto a este tema.

Si hay algo positivo que debe notarse, es que la Iglesia Católica se ha visto forzada a llenar los huecos en el ministerio en una variedad de maneras creativas. Algo del cuidado pastoral está en manos de las monjas. Y la ICR se ha visto obligada a buscar más y más la ayuda de los laicos. El envolvimiento de los laicos ha traído consigo sus propias tensiones, a medida que más y más los laicos quieren un papel participativo más grande en la toma de decisiones dentro de la ICR.

3. La presión en favor de la ordenación de mujeres

En los últimos años ha habido un movimiento creciente y ciertamente vocal dentro del catolicismo en favor de la ordenación de mujeres al sacerdocio. Los analistas sociológicos han indicado que hay una relación entre este movimiento en la ICR y el movimiento feminista más amplio que es tan prominente en la cultura occidental. Al mismo tiempo, "teólogos progresistas", entre ellos feministas, han intentado establecer una base doctrinal para las mujeres sacerdotes. Quizá la más prominente ha sido la teóloga feminista de los EE. UU. de A., Rosemary Radford Ruether.

En 1975 un gran número de mujeres católicas en los EE. UU. de A. formaron la Conferencia para la Ordenación de Mujeres. A la luz de eso, y ante el número creciente de mujeres ordenadas al ministerio entre los protestantes, tanto como ordenaciones de mujeres anglicanas en los Estados Unidos, la Congregación para la Doctrina de la Fe respondió en 1976. Básicamente, la CDF declaró que había lugares importantes para las mujeres en la ICR, pero no como sacerdotes ordenados. Las mujeres, por ser tales, no pueden "representar a Cristo", lo cual es una parte integral para satisfacer los criterios para el sacerdocio.

El movimiento continúa ganando adeptos, hasta el punto que en los EE. UU. de A. hay un grupo separado que ha practicado la "ordenación" de mujeres que funcionan como sacerdotes "subterráneos" u ocultos. Por supuesto, la ICR no reconoce esas acciones. Los sacramentos oficiados por estas personas no son verdaderos sacramentos desde la perspectiva católica.

Algunos conservadores rígidos dentro de la ICR echan la culpa de esto al Concilio Vaticano II, porque las cosas "se fueron de las manos". Ciertamente el Vaticano II buscó reconocer la importancia de las mujeres en la Iglesia Católica y ver que cumplieran papeles significativos en el ministerio, pero no como sacerdotes. El lenguaje usado por el Vaticano II, sin embargo, fue elevado —algunos aun han dicho que "inspirado"— por ejemplo cuando afirma: "Dado que en nuestros tiempos las mujeres tienen una participación muy activa en toda la vida de la sociedad, es muy importante que participen más ampliamente en los diversos campos del apostolado de la Iglesia."[7] Sin

---

[7] Walter M. Abbott, ed. gen., *The Documents of Vatican II* (Nueva York: Herder and Herder, 1966), p. 500.

embargo, sobre el tema de la ordenación de las mujeres, el papa Juan Pablo II —como lo ha hecho en los temas del control artificial de la natalidad y en el celibato de los sacerdotes— ha dejado más que en claro que la posición tradicional de la Iglesia no la permitirá. Sin embargo, la controversia continúa y los que sostienen la ordenación de mujeres en la Iglesia Católica parecen comprometidos a seguir presionando sobre el asunto.

4. Los carismáticos católicos

Fuera del mismo pentecostalismo —es decir, dentro de las denominaciones no católicas como los presbiterianos y los bautistas— frecuentemente el "movimiento carismático" ha sido controversial o divisivo. Generalmente ese no ha sido el caso dentro de la ICR. A pesar de ello hay algunos católicos que están molestos por la "renovación" carismática dentro de la Iglesia. Los carismáticos católicos parecen preferir la designación de "renovación" o "movimiento". Les parece que es un reclamo más humilde, dado que no creen que ellos son los únicos que poseen el Espíritu Santo o los carismas (dones) dentro de la Iglesia. Indudablemente, la mayoría de los carismáticos católicos y los oficiales en la ICR tienden a considerar la renovación carismática en un contexto ecuménico más amplio. Aunque los líderes católicos han suprimido los excesos en algunos lugares del mundo, en su mayor parte los carismáticos en la ICR tienden a ser considerados en forma positiva por algunos y con cierto nerviosismo por parte de otros.

Dentro del catolicismo los carismáticos afirmarán que lo que se ha manifestado en sus filas se relaciona con el énfasis general sobre la devoción que surgió del Concilio Vaticano II. Quizá una razón para la falta de una controversia mayor sobre la renovación carismática es que los que se identifican con ella, en general, han buscado evitar la apariencia de tender hacia ser una Iglesia separada. Los sacramentos todavía se realizan dentro de la Iglesia, y bajo sus auspicios. Las raíces para la renovación en la ICR se remontan a 1967, a algunos católicos carismáticos en la Universidad de Duquesne, en los EE. UU. de A. Luego se difundió a Canadá y posteriormente a todo el mundo. En 1975 se realizó un Congreso Internacional de Renovación en Roma, con la participación de más de 10.000 personas de más de sesenta países. El énfasis carismático ha encontrado una manifestación particularmente fuerte entre los católicos de América Latina. Está abierto al debate cuál será su papel y el nivel de aceptación dentro del catolicismo en el futuro.

CONCLUSION

El papa Pablo VI reflejó su preocupación con ciertas actitudes que habían comenzado a expresarse después del Concilio Vaticano II. En 1969, él dijo que la unidad de la Iglesia Católica estaba comenzando a ser puesta en peligro por "una rebelión incansable, crítica, ingobernable y demoledora" contra la tradición y la autoridad.[8] Ese mismo criterio fue reflejado posteriormente en las acciones del papa Juan Pablo II. El cardenal Ratzinger, cabeza de la Congregación para la Doctrina de la Fe, había demostrado ser un vocero preparado en la enunciación de las preocupaciones papales. En 1985, en el vigésimo aniversario de la finalización del Vaticano II, Juan Pablo II llamó a un sínodo extraordinario de obispos. A la luz de la retórica que precedió a la reunión, en general se percibía que tenía como su propósito salir de la rebelión contra la tradición y la autoridad que muchos creían era el legado del Vaticano II, y cambiar el foco nuevamente hacia el catolicismo "tradicional". En sus documentos oficiales el Sínodo de 1985 afirmó el Vaticano II, y señaló que lo que no había ido bien no era debido al concilio. El Sínodo observó que, en el intento de relacionar el catolicismo con un secularismo crecientemente hostil, algunos dentro de la Iglesia habían sido culpables de subordinar el evangelio al mundo moderno. Eso no había llevado a la liberación sino a la idolatría. En un nivel práctico puede considerarse que el Sínodo había apretado la mano del papado sobre los obispos de la Iglesia. Los obispos progresistas habían esperado que el Sínodo concedería una autoridad más grande a las conferencias "nacionales" de los obispos. Eso no sucedió. Más bien, el Sínodo destacó que la autoridad reconocida está en los obispos "en comunión" con el Obispo de Roma. Los obispos son responsables ante el Papa antes que ellos sean responsables ante las conferencias nacionales.

De ese modo, aun los "tradicionalistas" en la ICR reconocen que el Vaticano II liberó una nueva dinámica y energía dentro de la Iglesia que hace imposible un "retorno" pleno al catolicismo de los Concilios de Trento y Vaticano I. El resultado final de todo esto aún está por determinarse. Quizá es mejor considerar al catolicismo después del Vaticano II como en un período de *transición*. Es difícil decir en términos de una transición exactamente hacia qué. En 1959, cuatro años antes del Concilio Vaticano II, un historiador profundo, en un intento de ayudar a los no católicos a captar algo de la complejidad de la ICR,

---

8 *New Catholic Encyclopedia*, "Paul VI, Pope", Suplemento 1967-1974, p. 335.

eligió la descripción de Winston Churchill de la Unión Soviética de aquel tiempo para describir al catolicismo: "Una adivinanza envuelta en un misterio dentro de un enigma."[9] ¡Muchos estarán de acuerdo en que todavía lo es!

---

[9] Jaroslav Pelican, *The Riddle of Roman Catholicism* (Nueva York: Abingdon Press, 1959), p. 13.

OTROS LIBROS
QUE LE INTERESARAN

Núm. 42092 - **DRAGONES BIEN INTENCIONADOS, Cómo ministrar a gente problemática en la iglesia. Marshall Shelly.** Basta leer el título de este libro para darse cuenta de lo necesario que es en muchas de nuestras congregaciones. Los líderes cristianos lo recibirán con beneplácito y aun el lector laico se beneficiará de su lectura a fin de que sus buenas intenciones y participación en el ministerio no se tornen agrias o agresivas. 144 págs.

Núm. 42088 - **COMO EMPEZAR Y TERMINAR BIEN SU MINISTERIO. D. L. Lowrie.** Un manual de orientación para pastores e iglesias sobre cómo empezar y terminar un pastorado y hacerlo felizmente. 112 págs.

Núm. 42089 - **SANTO Y HUMANO. COMO ENFRENTAR LAS DEMANDAS DEL MINISTERIO PASTORAL. Jay Kesler.** Trata sobre el desafío diario que los pastores enfrentan cuando surgen las tensiones y los problemas entre el llamamiento divino y la realidad humana del pastor. 160 págs.

Núm. 42076 - **DE PASTOR A PASTOR: Etica Pastoral Práctica. James E. Giles.** En estilo popular, enfoca las relaciones y responsabilidades singulares del pastor: sus requisitos morales, su conducta con su familia, iglesia, denominación, otras denominaciones y comunidad. 96 págs.

Núm. 42082 - **PARA LA ESPOSA DEL PASTOR, CON AMOR. Varias autoras.** Doce líderes hispanas, la mayoría esposas de pastores, aportan su experiencia para capacitar, enriquecer e inspirar a la esposa del pastor en su papel de mujer, esposa y compañera. 128 págs.

Núm. 42081 - **EL EXITO SEGUN DIOS: Conceptos Bíblicos del Exito en el Ministerio. Kent y Barbara Hughes.** Trata la presión que sienten todos los que sirven al Señor y buscan el éxito, muchas veces medido según los conceptos del mundo. Describe qué es el éxito según la Biblia y la manera de obtenerlo. 160 págs.

Núm. 42075 - **LOS PASTORES TAMBIEN LLORAN. Lucille Lavender.** Conocer las vivencias, los dilemas y las necesidades del pastor es importante para una relación más afectuosa y comprensiva entre el pastor y los miembros. La iglesia que estudie este libro logrará un sano acercamiento a su pastor y podrá apoyar su ministerio con más sabiduría. 144 págs.

Núm. 42084 - **EL MINISTERIO DEL PASTOR-CONSEJERO. James E. Giles.** Un tratamiento serio de la problemática pastoral sobre la delicada tarea de dar consejo. Con ejemplos continuos y prácticos en combinación con un desarrollo teórico amplio. 224 págs.

Núm. 42057 - **EL SECRETO DEL EXITO PASTORAL. Brooks P. Faulkner.** Trata de cómo el pastor puede hacer su trabajo con éxito y relacionarse mejor con la gente. 128 págs.

Núm. 42060 - **HACIA LA FELICIDAD: Cómo Vivir una Vida Victoriosa y Practicar la Terapia Espiritual. C. R. Solomon.** Considerado como una terapia espiritual para todo creyente. Especialmente recomendado para pastores, maestros, consejeros y líderes. 128 págs.

Núm. 42040 - **EL CUIDADO PASTORAL EN LA IGLESIA, C. W. Brister.** El autor afirma que el cuidado pastoral es una tarea que representa una gran responsabilidad y es para toda la congregación, no sólo para el pastor. 272 págs.

Núm. 42096 - **COMO MINISTRAR A LOS AFLIGIDOS por la Muerte de un Ser Querido. Warren W. y David W. Wiersbe.** Para pastores y otros que ministran. Un auténtico manual sobre cómo confortar, consolar y ministrar a los afligidos por la muerte de familiares o amistades íntimas. Trata los aspectos bíblicos y sicológicos. 160 págs.

Núm. 46079 - **LA VIDA RESPONSABLE. Cecil A. Ray.** ¿Cuál es la perspectiva verdaderamente cristiana de las cosas materiales? Lea la respuesta en este libro. Ayuda al creyente a definir el estilo de vida más apropiado para él y le guía en su desarrollo en la gracia de dar. 160 págs.

Núm. 46112 - **COMO SER CRISTIANO Y HOMBRE DE NEGOCIOS. Myron Rush.** ¿Cuál debe ser la conducta del cristiano en su lugar de trabajo? El lector hallará la respuesta en este libro que muestra cómo demostrar los valores cristianos en un mundo secular. 168 págs.

Núm. 46114 - **PROBLEMAS ETICOS DE LA ACTUALIDAD. Comp. David Fajardo.** La violencia, el amor libre, el SIDA, el suicidio, las nuevas drogas, las nuevas modas, son algunos de los problemas tratados aquí. Con sugerencias prácticas para su estudio en grupo. 96 págs.

Núm. 46116 - **TRAS LAS MASCARAS: Desórdenes de la Personalidad en el Comportamiento Religioso. Wayne E. Oates.** Describe trastornos de la personalidad y muestra cómo ayudar usando la Biblia, el consejo pastoral y la ayuda profesional. 144 págs.

Núm. 46080 - **LO QUE LOS PADRES Y MAESTROS DEBEN SABER ACERCA DE LAS DROGAS. Guillermo H. Vázquez.** Un enfoque real de un problema de actualidad y nuestra posición frente a él como cristianos. 96 págs.

Núm. 46046 - **ALCOHOL EN SU SANGRE Y SU CEREBRO. Dr. Lindsay R. Curtis.** Ilustra el peligro del alcohol en el cerebro humano. 32 págs.

Núm. 46073 - **EL CIGARRILLO: CONTAMINANTE No. 1. L. R. Curtis.** Advertencias sobre el daño que este vicio puede acarrear. 48 págs.

Núm. 46126 - **HOMOSEXUALIDAD - Una Perspectiva Cristiana - Tim LaHaye.** Un enfoque amplio y profundamente bíblico sobre este tema, sin dejar a un lado el punto de vista sicológico, médico y social. 144 págs.

Núm. 46130. **LA CRITICA. William J. Diehm.** Por medio de ilustraciones personales y otras, muestra los daños que produce la crítica, analiza sus causas y efectos y ofrece soluciones para mejorar. 112 págs.

Núm. 46098 - **¿DIFERENCIAS PERSONALES? ¡ENFRENTELAS CON AMOR! David Augsburger.** Nadie vive sin conflictos en sus relaciones personales. El autor sugiere cómo se deben resolver, por medio del cariño que lleva al diálogo positivo. 160 págs.

Núm. 46037 - **COMO MEJORAR SUS RELACIONES HUMANAS. Lofton Hudson.** Seis capítulos que tratan asuntos de vital importancia en la vida práctica. Muestra el camino hacia las relaciones humanas relevantes. 62 págs.

Núm. 46093 - **LA AMISTAD: Factor Decisivo en las Relaciones Humanas. Alan Loy McGinnis.** Las relaciones humanas pueden ser más profundas, cálidas y significativas si impera el factor amistad. Ofrece ideas y formas de lograrlo. 208 págs.

Núm. 46131 - **ORIENTACIONES PRACTICAS PARA VISITAR ENFERMOS. Katie Maxwell.** ¡Este libro puede ayudarle! Es una excelente orientación para el ministerio de capellanía en hospitales, hogares de ancianos, hospicios o en casa. Todo aquel que desea ministrar a los enfermos apreciará los consejos vertidos en este libro. Incluye una lista de lecturas bíblicas apropiadas. 96 págs.

Núm. 46136 - **COMO SER MAS FELIZ EN EL TRABAJO QUE A VECES YA NO SOPORTO. Ross West.** Una discusión de 10 ideas para cultivar una actitud más positiva y hallar satisfacción en toda tarea en la que se vea involucrado. 128 págs.

Núm. 46129. **LA BUSQUEDA DE SIGNIFICADO. Robert S. McGee.** El libro que nos enseña a establecer las bases para forjar una opinión sobre el propio valor y el de otros desde el punto de vista de Dios y no de la sociedad que nos presiona. 176 págs.

Núm. 46132 - **SEA UN CRISTIANO AUTENTICO. Bill Haybels.** Catorce capítulos cuyo tema principal es la vivencia genuina de la fe cristiana. Esta obra desafía a examinar el estilo de vida y anima a ir más allá de la teoría de la fe, invitando a experimentar los cambios que Dios puede hacer en la vida. 192 págs.

Núm. 46119 - **LA DEVOCION A DIOS EN ACCION. Jerry Bridges.** Libro de fuerte motivación para la vida de devoción a Dios sólida y profunda; no una vida de devoción a ideas o cosas sino a Dios. 208 págs.

Núm. 46138 - **PONTE UNA FLOR EN EL PELO Y SE FELIZ. El dolor es inevitable pero el sentirse miserable es opcional. Barbara Johnson.** Un mensaje de esperanza, aderezado con un sentido de humor extraordinario. Presenta experiencias de dolor profundo en las que todavía puede haber paz, gozo, y esperanza en el corazón. 192 págs.

Núm. 46115 - **¡SEA ALGUIEN! Cómo Lograr Lo Mejor de Uno Mismo. Alan Loy McGinnis.** Muestra cómo lograr una imagen sana y sentirnos seguros de nosotros mismos en la sociedad que tiende a cambiar la escala de valores. 176 págs.

Núm. 46088 - **LOS HOMBRES EN SU CRISIS DE MEDIA VIDA. Jim Conway.** El autor explora la complejidad de este trauma que desilusiona muchas vidas, y lo hace con franqueza, discernimiento, sensibilidad y compasión. 256 págs.

Núm. 46113 - **¡ELIGE SER FELIZ! Un Manual sobre los Síntomas y Curación de la Depresión. F. Minirth y P. Meier.** Pautas para vencer la depresión teniendo en cuenta el punto de vista médico y bíblico. 208 págs.

Núm. 46095 - **LA LLAVE PARA UNA VIDA DE TRIUNFO. Jack R. Taylor.** Es el testimonio personal del autor, pero es algo más, es el testimonio de su iglesia. Su experiencia de avivamiento y renovación no dejará de afectar a todo lector, y hará que no sea el mismo cuando termine de leer este libro. 240 págs.

Núm. 46110 - **LIDERAZGO QUE PERDURA EN UN MUNDO QUE CAMBIA. John Haggai.** Una obra descriptiva de los 12 valores y características que necesita el líder en nuestro mundo actual. 224 págs.

Núm. 46117 - **EL PODER DEL COMPROMISO. Jerry White.** Motiva al lector a desarrollar su potencial como cristiano y vivir con seriedad la vida cristiana dentro de su ambiente. 128 págs.

Núm. 46092 - **COMO LLEGAR A SER VENCEDOR. R. Escandón.** Ejemplos de personas que triunfaron gracias al esfuerzo y a la perseverancia. Termina exhortando a lograr el triunfo estableciendo la relación entre el triunfo y la fe en Cristo. 128 págs.

Núm. 46043 - **CONFIRMANDO LA VOLUNTAD DE DIOS. Paul Little.** "Cuando cuatro factores, a saber: La Palabra de Dios, la convicción que él nos da al orar, las circunstancias y el consejo de amigos convergen; esa es la señal de que Dios nos está guiando y dirigiendo." 32 págs.